보통날의 식탁

보통날의 식탁

한솔 지음

티라미수 THE BOOK

프롤로그

어서 오세요, 여기는 오생리입니다

산으로 둘러싸인 한적한 시골 마을. 읍내에서도 한참 더 들어가야 하는 외딴 집, 남들에겐 어떻게 보일지 모르지만 내게 이곳은 하나밖에 없는 우주다. 아침이면 눈부시게 쏟아져 들어오는 햇살과 바람 소리, 새소리에 잠을 깬다. 봄에는 돋아나는 새싹에 감탄하고 여름에는 빠르게 자라나는 잡초에 경악한다. 가을엔 높아진 하늘과 색색으로 물든 풍경에 넋을 놓고, 눈 내리는 겨울이면 강아지처럼 신이 나 쏘다니며 시간을 잊는다.

대도시에서의 삶을 꿈꿨었다. 화려한 불빛과 분주히 오가는 사람들의 활기에 이끌렸고, 그 풍경 속에 스며들어 매일을 흥미진진하게 보내길 바랐다. 하지만 동경했던 도시에서의 생활은 내 생각과 많이 달랐다.

직장에서 메뉴를 개발하고 음식을 만들면서도, 정작 나는 늘 배가 고팠다. 바빴고 고단했다. 즉석 밥과 라면으로 말 그대로 끼니를 자주 '때웠고', 계절이 오는지 가는지도 몰랐다. 그저 더우면 옷을 가볍게 입고, 추우면 걸치는 것으로 무심히 계절을 지나쳤다. 우선순위에서 나는 자꾸만 뒤로 밀려났고, 점점 더 작아졌다. 오직 좋아하는 일을 열심히 하고 있다는 어렴풋한 감각만이 유일한 위안이었다.

그러던 어느 여름날, 아슬아슬하던 마음이 기어코 바닥을 치며 우르르 쏟아지고야 말았다. 무릎이 시큰시큰 심상치 않더니만 한 시간도 채 서 있을 수 없는 지경이 되었다. 병원에서는 왜 이렇게 될 때까지 그냥 뒀냐며, 무릎 손상이 심해서 절대적으로 안정을 취해야 한다는 진단을 내렸다. 몸이 아픈 것보다 요리를 영영 할 수 없을지도 모른다는 생각에 왈칵 두려움이 몰려왔다. 바보처럼 그때도 나는 나 자신보다 다른 데 더 정신이 팔려 있었다.

도시를 꿈꿨지만 마음을 한 겹 한 겹 벗겨내고 들여다보면 마지막엔 언제나 소박한 시골 마을과 자연이 나왔다. 방학이면 살다시피 했던 외갓집은 내게 고향이나 다름없었고, 할머니가 차려주신 밥상에는 계절이 고스란히 녹아 있었다. 그 안에서 나는 걱정 없이 행복했다.

그럴듯해 보이고 싶다는 헛된 바람을 내려놓으니 그제야 내게 평안한 곳이 어디인지, 내가 어떤 모습으로 살고 싶은지가 보였다. 요리는 꼭 직장에 붙박여 있지 않아도 어디서든 할 수 있는 일이었다.

여기, 외갓집이 있는 합천과 오생리 우리 집을 오가며 자연을 만나고 거두고 요리해 차려낸 삼 년여의 시간을 담았다. 계절이 느리게 키워낸 제철 재료를 손질하고 작고 순한 마음을 얹어 나를 대접하는 시간은 그 자체로 치유였고, 다시 일어설 힘도 생겼다. 어떨 때는 별것 아닌 한 접시에서 유년 시절의 추억이 솔솔 피어나 달큼한 미소를 짓기도 했다. 대수롭지 않은 보통날의 가치를 이제야 알겠다.

숲을 옆에 끼고, 흙을 만지며, 계절마다 돋아나는 행복을 거둬 식탁을 차린다. 마음이 무겁고 습한 날, 숲을 걷다 보면 거짓말처럼 마음에 낀 안개가 걷힌다. 현실은 언제나 예측하기 어렵지만, 한결같은 자연 안에서 내가 할 수 있는 만큼 부지런히 움직이면

다 괜찮을 거라는 무작정의 긍정이 생겨난다. 지금 나의 마음은 더 이상 허기지지 않다.

간소하게 차려낸 사계절이 누군가에게도 위로이자 회복이 되었으면 좋겠다.

차례

여름 짧은 밤에도 별빛은 밝게 빛나고

가을 열매가 없어도 저마다의 속도로 물들어간다

겨울 추울수록 포근하고 정겹다

봄

겨울을 지나온 것은 향긋하다

냉이 장아찌

쑥 와플

머위꽃 된장

더덕구이

갓꽃 파스타

고사리 솥밥

두릅 김밥

돌나물 비빔밥

돌미나리전

아까시꽃 튀김

냉이 장아찌

앙상한 나뭇가지 사이를 넘어 불어오는 바람에 따스함이 실려 있다.

"아, 이제 봄인가?"

얼마 전까지만 해도 꽁꽁 언 손을 주머니에 숨기기 바빴는데, 문득 찾아온 온기가 낯설다. 언제쯤 따뜻해지려나 고대했는데, 봄은 느릿느릿 이곳으로 걸어오고 있었던 모양이다.

눈으로 뒤덮였던 논둑도 봄 햇살에 제 모습을 드러내며 인사한다. 촉촉해진 땅 위로 보일 듯 말 듯 작은 새싹들이 돋아나 있다. 손톱보다도 작은 싹이 꼬물꼬물 땅을 비집고 나온 모양새가 못내 사랑스럽다. 색 바랜 잡초 융단 사이로는 겨울을 이겨낸 로제트 식물들이 고운 빛깔을 뽐내고 있다. 덕분에 회백색이던 들판이 제법 알록달록해졌다.

방석 식물이라고도 불리는 로제트 식물은 땅바닥에 납작 엎드려서 모진 겨울을 버텨낸다. 꽃다지, 꽃마리, 달맞이꽃, 민들레 그리고 봄의 전령사로 유명한 냉이가 그렇다. 아직 겨울의 발자취가 떠나지 않은 시골 풍경, 냉이는 그 풍경의 가장 밑바닥에서 봄을 알린다. 겨우내 뿌리를 깊게 내리고 단맛을 채우는 냉이. 그래서인지 이른 봄에 만나는 냉이는 일 년 중에서 가장 향이 진하다.

걸음을 좀 더 옮겨 다다른 양지에는 이미 봄빛이 완연하다. 꽃다지는 벌써 꽃을 피웠다. 쌀알만큼 작은 꽃들이 모여 밭둑을 꽃숲으로 만들었다. 봄까치꽃도 앙증맞은 보랏빛 꽃을 한가득 피워냈다. 바람에 차르르 떨리는 꽃무리가 다정하게 봄이 왔노라 알려주는 듯하다.

봄 햇살이 화사하게 손을 뻗은 곳에 자리를 잡고 앉아 냉이를 캔다. 냉이는 캐는 재미가 있다. 뿌리 쪽을 손으로 잡고 당기면 으드득 소리를 내며 한 번에 쑥 뽑힌다. 으드득. 으드득. 경쾌함에 취

spring

해 하나 또 하나, 시간 가는 줄 모르고 캔다. 냉이를 뽑는 손에 향긋한 삼 내음이 배었다.

그런 나를 할머니 한 분이 지나가다 멈춰 서서 빤히 쳐다보신다. 젊은 사람이 나물을 캐고 있으니 신기하고 대견해 보였나 보다. 잠시 손을 멈추고 말동무를 해드렸다. 꽃분홍색 외투를 보고 어쩜 이리 화사한 분홍이 잘 어울리시냐고 말을 건네니 할머니는 쑥스러운 듯 손사래를 치신다. "아이고, 그런 말 말어. 내 나이가 이제 아흔셋이여." 그러면서 내게 놀 수 있을 때 재미나게 즐기라 거듭 말씀하신다.

"그럴게요. 할머니 신세대시네요."

할머니 얼굴에 봄빛 같은 웃음이 활짝 피어난다. 그러더니 갑자기 냉이를 함께 캐기 시작하신다. "할머니 찬거리 하시게요?" 여쭤보니 나 주려고 그러신단다. 두 식구 먹을 거라 이제 됐다 해도 멈추질 않으신다. 얼른 손을 잡아끄니, 할머니 콧잔등에 땀이 송골송골 맺혀 있다. 대체 할머니들은 왜 이렇게 정이 많으신 걸까. 냉이 캐러 나왔다가 분에 넘치는 행복을 선물받았다.

냉이 요리로는 된장국도 좋고, 무침도 좋고, 따스한 수프를 만들어도 별미지만, 그날의 냉이로는 장아찌를 담갔다. 이 냉이만큼은 오래 두고 먹고 싶었다. 냉이가 부드러워서 삶지 않고 그대로 담기로 했다. 끓인 장물을 붓자마자 기분 좋은 냉이 향이 온 집 안에 퍼진다. 맛이 들어야 하는데 그새를 못 참고 바로 먹었다. 입안에 봄 향이 가득하다. 지금도 맛있는데 익으면 얼마나 더 맛있으려나. 반찬으로 먹어도, 고기랑 함께 먹어도 좋겠지. 할머니의 따스한 마음까지 함께 담았으니 더할 나위 없다.

할 수 있을 때 재미있게 살라던 그 말씀을 떠올리며 아껴 먹어야지. 눈 깜짝할 사이 지나가버리는 이 순간을 오롯이 누려야지.

다시 찾아온 계절도, 봄빛처럼 푸근했던 짧은 만남도, 향기 진한 냉이도…… 유리 병 안에서 고이 익어갈 것이다. 추운 겨울이 끝나고 따스하고 향긋한 봄이 시작됐다.

냉이 장아찌

냉이(*작은 것이 좋아요), 간장, 설탕, 식초, 물

- 냉이는 물에 담가두었다가 흙이 나오지 않을 때까지 흐르는 물에 여러 번 씻는다.
- 간장, 설탕, 식초, 물을 1 : 1 : 1 : 3의 비율로 끓인다.
- 소독한 병에 냉이를 채우고 끓인 장물을 붓는다.
- 하루 정도 실온에서 숙성시킨 후, 냉장고에 보관하여 먹는다.

날마다 짙어지는

봄의 농도

쑥 와플

창가에 비친 햇살이 제법 따스하다. 동네 풍경에서도 겨울 자취가 많이 사라졌다. 나뭇가지에는 물이 올랐고, 나무 밑동 부근에는 초록빛이 감돈다. 산수유와 매화는 진즉 꽃을 피웠고, 숲의 새소리도 선명해졌다. 조용한 시골 마을을 채우는 털털털 경운기 소리가 봄을 깨우는 듯해 반갑다.

시골에 살기 시작한 뒤로 집 주변의 모든 것에서 계절을 느낀다. 창밖 풍경, 숲을 채우는 소리, 코끝에 닿는 향기와 손끝에 느껴

지는 바람결까지. 계절이 변하면 모든 것이 변한다. 자연스럽게 나도 계절의 흐름을 탄다. 우리 집 강아지 까미와의 동네 산책은 빼먹지 않는 하루 일과인데, 이른 봄에는 자꾸만 아래를 보고 걷게 된다. 어서 가자며 재촉하는 까미와 이제 막 돋아나는 이름 모를 풀들의 사진을 찍으려는 나의 실랑이가 이어진다.

집 뒤 산책 길 옆에서 하얀 솜털이 보송보송한 새싹을 마주쳤다. 쑥이다. 생기 가득한 연둣빛 사이에 저 혼자 차분한 색을 띠고 있다. 내게 있어 쑥은 계절을 가늠하는 척도다. 쑥이 얼마나 자랐는지를 보면 봄의 농도가 파악된다. 이른 봄 손톱만 한 올리브색의 어린 새싹을 지나, 한봄에는 솜털이 옅어지고 짙은 녹색이 된다. 쑥이 질기고 거칠어져 먹기 곤란한 수준이 되면, 이제 계절은 여름 근처에 닿는다. 늦여름 뒷산의 산쑥은 내 키만큼 자라난다. 아직은 이른 봄, 지금 쑥은 여린 봄바람만큼이나 어리고 연약하다.

산책을 하며 오가기를 며칠, 쑥은 금세 먹을 수 있을 정도로 자랐다. 산책 길에 소쿠리와 작은 칼을 챙겼다. 우리 집 뒷길은 말 그대로 쑥밭이다. 동네에서도 알아주는 쑥 스폿이다. 쑥이 융단처럼 깔린 길옆에 쪼그려 앉아 쑥을 캔다. 채도 낮은 쑥이 차곡차곡 쌓인 참한 모습을 보니 내 마음도 덩달아 잔잔해진다. 햇살이 등을 따사롭게 어루만졌다.

어릴 적, 외할머니와 엄마는 봄이면 부지런히 쑥을 캐러 다니셨다. 가만히 앉아 쑥을 캐기가 지루해서 나는 따라나섰다가도 다른 길로 곧잘 새곤 했다. 그래도 외할머니가 만들어준 쑥털털이(쑥버무리)와 쑥국은 너무나도 맛있었다. 이맘때 외갓집 안방 한구석에는 무늬가 화려한 스테인리스 쟁반에 콩가루를 묻힌 쑥떡이 늘 담겨 있었다. 오며 가며 집어 먹을 주전부리용이다. 떡을 그렇게 좋아하지 않는데도 콩가루 묻힌 쑥떡은 왜 그런지 좋았다.

소쿠리에 담긴 쑥을 담뿍 손에 쥐어 향을 맡으니 스테인리스 쟁반에 담겨 있던 그 쑥떡이 먹고 싶어졌다. 떡을 치댈 자신은 없어, 찹쌀가루와 쑥을 넣고 반죽해서 와플을 만들어보자 싶었다. 쑥을 잘 손질해서 흐르는 물에 살짝 씻어 끓는 물에 데쳤다. 연한 카키색이던 쑥이 물에 들어가자마자 짙은 녹색으로 변한다. 데친 쑥을 믹서에 넣고 우유와 함께 최대한 곱게 갈았다. 큰 볼에 찹쌀가루를 넣고 갈아놓은 쑥을 넣어 되직하게 섞는다.

와플팬을 달구고 반죽을 넣었다. 이게 될까, 의심 반 기대 반, 두 눈 꼭 감고 와플팬을 꾹 누른다. 요리조리 뒤집어가며 반죽을 익히고 겉이 노릇노릇해졌다 싶을 때 꺼냈다. 따끈한 와플을 손으로 쪼개보니 쫀득한 느낌이 전해진다. 꿀에 콕 찍어 먹으니 겉은 바삭하고 속은 끈기가 살아 있어 씹는 재미가 있다. 콩가루가 없어 아쉬웠지만 향긋한 쑥 향에 외갓집의 추억까지 입속에 오랫동안

머물렀다.

따뜻한 봄 햇살에 잠을 깨고, 직접 거둔 봄으로 브런치까지 해 먹었다. 저녁엔 쑥국을 끓여야지. 계절과 함께 나의 소박한 식탁도 나날이 향기로워진다. 창밖으로 어제보다 조금 더 봄이 다가와 있었다.

쑥 와플

찹쌀가루(밀가루), 쑥, 우유, 소금, 포도씨유, 베이킹파우더 조금, 버터

- 쑥을 잘 씻어 데친 다음, 우유와 함께 믹서에 곱게 간다.
- 볼에 모든 재료를 넣고 섞는다.
- 잘 달궈진 와플팬에 버터를 바르고 반죽을 올려 굽는다.
- 시럽이나 꿀을 뿌려가며 먹는다.

뒤늦게 만난

깊고 진한 봄맛

머위꽃 된장

엄마는 이른 봄이면 어김없이 머위 순을 따러 다니시지만 나는 사실 머위를 싫어한다. 봄이 무르익어 머위 잎이 커지면 데쳐서 쌈을 싸먹는다, 무쳐 먹는다 하며 권하셨는데 특유의 향과 쓴맛이 내게는 썩 유쾌하지가 않았다. 고향인 경남에서는 머위를 '머구'라고 부르는데, 쓴맛이 싫으니 그 이름까지 괜히 못나 보였다.

〈리틀 포레스트〉 원작 만화책과 일본판 영화를 보면 머위꽃 된장이 나온다. 머위꽃을 잘게 썰어 미소 된장, 설탕과 함께 볶는

요리인데, 영화에서는 이 머위 된장 신이 특히 강렬한 인상을 남긴다. 주인공 이치코의 어머니가 마지막으로 해준 음식이기 때문이다. 이치코는 눈 속에 파묻혀 있는 머위꽃을 따서 볶아낸 다음, 친구 키코를 불러 함께 밥을 먹는다. 키코는 머위 된장의 위력이 위험할 정도라며 단숨에 밥을 세 그릇이나 비운다. 머위 된장에 뜨거운 물을 부어 된장국으로도 먹는데, 그게 어찌나 맛있어 보이던지.

'도대체 무슨 맛이기에 저렇게 맛있게 먹지?'

잎이 아니라 꽃이라지만 결국 씁쓸하기는 마찬가지일 것 같아 궁금하면서도 큰 기대는 되지 않았다. 게다가 머위꽃은 이른 봄 짧게만 만날 수 있어 구하기도 쉽지 않다. 언젠가 만들어봐야지 하면서도 마음 한구석에 밀어뒀던 음식이다.

그런데 우리 집 뒷길과 숲 입구에는 머위가 정말 많다. 두촌리에서 조금 더 깊은 시골인 이곳 오생리로 이사한 덕분에 궁금했던 머위꽃 된장을 먹을 기회가 생긴 것이다. 늦겨울부터 매일같이 뒷산으로 산책을 다니며 머위가 얼마나 돋아났는지 확인했다. 하루에 하나씩 자그맣고 동그란 머위 순이 뿅뿅 돋아났다. 개구리 우산 같은 머위 순을 보며 흐뭇해하다가 문득 위쪽을 올려다보니, 세상에! 바싹 마른 쑥 덤불 사이로 머위꽃이 피어 있다. 햇빛이 잘 드는 위쪽이라 꽃이 빨리 핀 모양이다. 작은 꽃들이 모여 만들어

낸 동그랗고 큼직한 자태에 잠시 멍하니 머위꽃을 바라본다.

이미 피어버렸는데 괜찮을까 고민하다가 꽃을 따 왔다. 겨우 다섯 송이가 전부지만 그래서 더 귀했다. 집에 돌아와 흐르는 물에 흙을 씻어냈더니 머위꽃이 햇빛을 머금고 반짝반짝 빛난다. 손질한 머위꽃을 살짝 데쳐서 된장을 만들었다. 외할머니의 된장과 시금장이라 부르는 보리등겨장을 넣었다. 내가 따 온 봄꽃에 할머니의 장맛이 더해졌다.

완성된 머위 된장은 봄 요리라기엔 빛깔이 너무 탁했다. '망친 거 아닐까?' 걱정됐지만, 난생처음 머위 맛을 기대하고 있는 이 순간을 즐기기로 했다. 된장을 볶는 동안 일부러 간도 보지 않았다. 상상과 실제가 얼마나 가까울지, 완성된 된장을 맛보고 비교해보고 싶었다.

갓 지은 따끈한 밥을 한 공기 소복이 담고, 끓인 물에 머위 된장을 풀어 된장국도 준비했다. 김이 모락모락 나는 밥 위에 머위 된장을 조금 얹었다. 쓴맛이 날까 봐 일부러 밥을 크게 떴다. 윤기 도는 하얀 밥 위에 놓인 탁한 된장……. 용기 한 숟가락을 반찬 삼아 입안으로 넣었다.

"……어?"

맛있다. 생각보다 훨씬 더. 걱정이 무색하게 미소가 절로 나오는 깊고 진한 봄맛이었다. 머위에 대한 오해가 스르르 풀린다. 달콤 짭짤한 된장 맛에 더해진 머위의 쌉쓰름함이 자꾸만 입맛을 돋운다. 걱정만큼 쓰지도 않다. 여느 제철 푸성귀처럼 산뜻한 맛도 아니고 고운 빛깔도 아니지만, 분명 봄의 맛이었다.

왜 키코가 밥을 더 달라고 했는지, 일 년 동안 보관할 수 있지만 이미 그전에 다 먹어버린다고 했는지 이해가 됐다. 된장국도 한 술 떠서 호로록 먹으니 부족했던 따스함까지 완벽하게 채워진다. 곁들인 냉이 튀김도 한 입 먹는다. 바삭, 즐거운 소리가 들리고 싱그러운 봄 향기가 따라왔다. 소박한 밥상이지만 맛의 빈틈이 없다.

부지런히 숲으로 산책을 가야겠다. 동그란 머위 잎이 돋아난 그늘을 찬찬히 살펴봐야지. 그렇게 우리의 리틀 포레스트로 봄을 찾아 나서야지.

머위꽃 된장

머위꽃 혹은 머윗대 한 줌, 된장, 설탕, 참기름(들기름)

- 머위꽃은 깨끗이 씻고 식초 물에 담갔다가 흐르는 물에 헹군다.
- 머위꽃을 끓는 물에 살짝 데친 후, 잘게 썬다.
  * 머윗대를 사용한다면 데치기 전에 겉의 섬유질을 벗겨요.
- 냄비에 참기름이나 들기름을 살짝 두르고 머위꽃과 된장, 설탕을 넣는다.
- 설탕이 녹고 머위와 된장이 어우러지도록 약불에 볶는다.

시간을 먹고

자라난 향기

더덕구이

경남 합천의 시골 마을, 외갓집에서 차로 오 분 정도 가면 할아버지의 밤나무 산이 있다. 그 산에는 밤농사로 반평생을 보내신 할아버지의 노고가 고스란히 녹아 있다. 봄, 여름에는 산나물과 자두 같은 과일이 나고 가을에는 밤과 감을 수확할 수 있어 우리 가족의 보물창고 역할을 톡톡히 한다. 겨우내 얼어 있던 계곡물이 졸졸 흐르기 시작하면, 외가 식구들은 봄기운 가득 스민 산나물을 캐기 위해 참새가 방앗간 드나들듯 수시로 할아버지의 밤 산을 찾는다.

화창한 봄날. 봄나물도 캐고 오래된 더덕도 캘 겸 가족들과 밤산으로 향했다. 산 아래에는 머위, 쑥, 달래가 지천이고, 그 옆으로 봄까치꽃이 푸른 융단처럼 펼쳐져 있다. 탐스러운 홍매화도 붉은 꽃망울을 터뜨렸다. 내리쬐는 햇살과 산새 소리, 계곡물 소리까지 더해져 밤 산의 봄 풍경이 한결 싱그럽다.

엄마와 외숙모가 산 아래서 봄나물을 캐는 동안, 나는 할아버지와 외삼촌을 따라 더덕을 캐러 갔다. 느릿느릿 산을 오르며 찬찬히 산 풍경을 눈에 담는다. 산도 봄을 맞아 한껏 기지개를 켠 것 같다. 사실 산속 모습은 겨울과 크게 다를 바 없지만, 산 아래서 봄 풍경을 실컷 보고 오른 터라 한 발, 한 발 내딛을 때마다 봄의 생동감이 발을 타고 전해졌다.

산 중턱을 넘으니 넓은 고사리 밭이 나온다. 조금 더 나아가 소나무가 많은 가파른 비탈, 그곳에 더덕이 심겨 있다. 할아버지와 외삼촌은 마른 잡초 더미 사이사이에서 귀신같이 더덕 넝쿨을 찾아내셨다. 넝쿨 아래 땅을 괭이로 살살 긁어내자 토실토실한 더덕 뿌리가 나왔다. 두 분이 캐서 던져주는 더덕을 양파망에 차곡차곡 담았다.

바로 캔 더덕에서는 축축한 흙냄새와 더덕 특유의 진한 향이 난다. 잎이나 줄기가 아닌 뿌리만이 품을 수 있는 짙고 깊은 향. 희한하게도 밖에서 산 더덕은 이런 향이 덜하다. 향에 취해 줍다 보니

어느새 양파망이 묵직하다.

더덕은 심고 나서 뿌리가 자라도록 몇 년을 묵혀둔다. 오늘 캔 더덕도 오 년은 됐다. 땅 위 풍경이 여러 번 변하는 동안, 더덕은 흙 속에서 산의 기운을 받아들인다. 해를 거듭할수록 뿌리가 굵어지고 뇌두의 주름도 늘어난다. 사람도, 더덕도 나이를 먹을수록 향이 짙어진다.

집에 돌아와 산이 준 산물을 맛보았다. 껍질을 까서 조심스럽게 통통 두드려 편 다음, 고추장 양념을 발라 구웠다. 하얀 쌀밥 위에 빨간 더덕구이를 올려 한 입 먹는다. 참기름 향과 더덕의 짙은 향, 쌀밥의 단맛이 모두 한데 뒤엉킨다. 입맛을 돋우는 쌉싸래하면서도 단맛. 오랜 시간, 한자리에서 향기를 덧입혔을 더덕의 인내와 결실이 동시에 느껴진다.

지금 이 순간에도 더덕은 아무도 없는 산에서 홀로 제 몸을 천천히 키우고 있을 것이다. 느리게 조금씩, 그렇지만 분명하게 짙어지는 향을 품고서.

더덕구이

더덕, 참기름(들기름)
양념장: 고추장, 고춧가루, 매실액, 간장, 맛술, 마늘, 꿀

- 양념장 재료를 모두 섞어 미리 만들어둔다.
- 더덕 껍질을 벗긴 다음, 먹기 좋게 두드려서 편다.
- 더덕 겉면에 참기름(들기름)을 살짝 바르고 노릇노릇 굽는다.
- 잘 익은 더덕 겉면에 양념장을 바르고 타지 않도록 주의하며 약불에 굽는다.

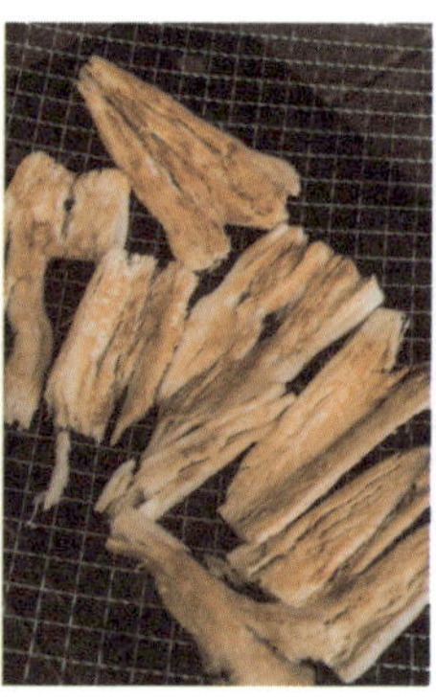

접시 위에 내려앉은

갓꽃 파스타

봄 풍경

우리 집은 높이 삼백 미터가 넘는 산 중턱에 있다. 뒤편으로 숲이 병풍처럼 집을 둘러싸고 있는데 나는 이곳을 '서쪽 숲'이라고 부른다. 숲까지 걸어서 채 일 분이 걸리지 않으니 숲속에 사는 거나 다름없다. 서쪽 숲에는 많은 동물이 살고 있어서 종종 반가운 친구들을 마주치곤 한다. 다양한 새와 다람쥐, 청설모 같은 작은 동물부터 커다란 노루와 고라니도 있다. 가끔은 우리 집 마당까지 내려오기도 한다.

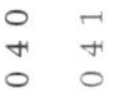

늘 자연 속에 살고 싶다고 생각했지만, 이렇게나 산을 곁에 두고 살 줄은 몰랐다. 시골살이를 꿈꿨던 우리는 남편의 이직을 기회로 삼아 이곳에 자리를 잡았다. 남편 회사 가까이에는 읍 소재지와 혁신도시가 있지만, 우리는 조용한 시골 마을에 있는 집을 선택했다.

4월의 어느 날, 모처럼 미세먼지 없이 하늘이 맑다. 봄바람이 가볍게 부는 오후 남편, 까미와 함께 마당에 앉아 햇살을 쬐며 여유로운 시간을 즐긴다. 서쪽 숲을 바라보니 버드나무에 여린 잎과 함께 연두색 꽃이 피어 있다. 그 옆에서 산벚나무도 꽃망울을 터뜨리고 있다.

"꽃도 볼 겸 서쪽 숲으로 산책하러 갈래?"

"좋아!"

눈이 녹아내리자 자연스럽게 드러난 숲길을 지난겨울부터 눈여겨봐뒀다. 그동안은 서쪽 숲 가장자리를 따라 걸었는데, 그 길은 숲 안쪽으로 이어진다.

물이 마른 계곡을 따라 난 산책 길은 사람이 오래 다니지 않았는지 길이 험했다. 지난 계절의 흔적이 낙엽이 되어 쌓여 있고, 그 사이로 이름 모를 풀들이 가득 나 있다. 가시가 있는 넝쿨이 길을 막아서기도 했다. 그래도 멈추지 않고 저 멀리 숲 사이로 보이는

산벚나무를 향해 홀린 듯 걸어갔다.

좁은 길을 지나니 갑자기 공간이 확 트였다. 와, 소리가 절로 나왔다. 산벚나무가 가득하다. 작은 산벚나무와 오래된 산벚나무가 여러 그루 겹쳐져 있다. 키가 큰 산벚나무가 만든 꽃가지 지붕 사이로 듬성듬성 햇살이 쏟아졌다. 따뜻하고 다정한 봄바람에 산벚꽃 가지가 아름답게 너울거린다. 동화 속 세상이 이럴까…….

우리 둘 다 말없이 조용히, 오랫동안 그 풍경을 눈에 담았다. 세찬 바람이 휙 불어오자, 산벚꽃잎이 우수수 떨어진다. 햇빛에 반짝이며 하늘하늘 떨어지는 모습이 마치 슬로모션 같다. 이곳에서는 시간도 느리게 갈 것만 같다.

산책을 마치고 집 근처에 다다르자 여기에도 꽃이 한창이다. 어느새 길쭉하게 자란 하얀 냉이꽃과 그보다 더 우뚝 솟은 갓꽃이 양지바른 곳을 가득 채웠다. 갓꽃은 얼핏 보면 유채꽃과 비슷해서 잎을 봐야 제대로 구분할 수 있다. 화병에 꽂을 생각으로 냉이꽃과 갓꽃을 꺾는다.

남편에게 도와달라 하자 군소리 없이 몸을 움직인다. 꽃에는 관심 하나 없던 사람이 이곳에 와서는 꽃을 즐기고 꽃나무 이름을 곧잘 말한다. 시골의 봄은 남편의 가슴에도 싹을 틔웠다. 냉이꽃과 갓꽃 다발을 손에 쥐고 집으로 돌아오는 시간이 유독 따스했다.

화병에 담으니 수수한 꽃들이 집을 환히 밝혀준다. 저도 봄꽃이라고 계절을 닮아 청초하기까지 하다. 냉이꽃은 뭉쳐놓으니 안개꽃 같고, 휘어진 줄기 끝에 매달린 밝은 노란색 갓꽃은 마치 등불 같다.

환한 갓 등불을 바라보자니 이 꽃으로 요리를 해보고 싶어졌다. 동화 같은 풍경을 접시에도 담아보고 싶었다. 작은 꽃잎을 따서 먹어보니 청갓 맛이 난다. 알싸하고 매운맛이 나다가 마지막엔 쌉쌀함이 남는다. 기름기 있는 음식에 곁들이면 입안을 개운하게 해줄 것 같다. 그래, 오늘의 요리는 오일 파스타다.

화병에 담긴 갓꽃을 몇 개 골라서 물에 살살 씻고 요리 준비를 했다. 샐러리를 벗기듯 꽃대의 껍질을 벗겨 데쳐봤는데 너무 질겼다. 꽃대를 볶아 쓰려고 했는데 포기하고, 꽃송이가 달린 부드럽고 얇은 꽃자루를 따로 준비했다. 꽃을 파스타 위에 뿌리면 보기도 좋고 매운맛도 살릴 수 있을 것 같아 작은 꽃도 몇 개 톡톡 뜯어서 미리 준비해뒀다.

면을 삶는 동안 달군 팬에 들기름을 두르고 마늘, 고추, 꽃대를 볶아 향을 냈다. 질긴 꽃대는 향만 내고 빼냈다. 냉동실에 있던 새우도 구워 넣고, 면수도 넣고, 안초비 대신 액젓을 넣어 풍미를 더한다. 마지막으로 데친 꽃송이와 삶은 면을 넣은 다음, 불을 끄고 치즈를 뿌려 섞었다.

spring

접시에 파스타를 담고 미리 따둔 갓꽃 꽃잎을 뿌렸다. 샛노란 꽃잎 덕에 화사한 파스타가 완성됐다. 갓꽃이 피어 있던 들판이 오롯이 담긴 한 그릇. 재료가 많이 들어가지도 않았는데 한껏 풍성해 보인다.

포크로 면을 돌돌 말고 뾰족한 포크 끝으로 갓꽃을 콕 찍어 같이 먹었다. 들기름에 볶은 마늘의 고소함과 갓꽃의 쌉쌀함이 조화롭게 어우러진다. 갓꽃의 톡 쏘는 매운맛이 전체적인 균형을 잡아주었다. 보기에도 좋고 맛도 좋은 즐거운 식사였다.

자연을 곁에 두고 산다는 건 꽤 감동적인 일이다. 숲 산책을 하는 동안 잠시 현실에서 벗어나 동화 속 세상을 거닐었다. 복잡하던 머리까지 덩달아 맑아졌다. 게다가 꽃을 보며 요리를 상상하고, 식탁 위에 봄 풍경을 온전히 담아내는 행복도 맛보았다. 이 청아한 계절은 들판에 핀 풀 하나로 진한 기쁨을 선사해주는구나.

갓꽃 파스타

갓꽃, 파스타 면, 들기름, 마늘, 건고추, 액젓, 치즈, 소금, 후추

- 면은 삶고, 갓꽃송이는 살짝 데쳐 찬물에 담가둔다.
- 팬에 들기름을 두르고 꽃대, 마늘, 건고추를 볶아 향을 낸다.
- 향을 낸 꽃대는 빼내고, 면수를 넣어 팬을 흔든다.
- 액젓 한 숟가락으로 맛을 내고, 삶은 면과 데친 갓꽃송이을 넣고 섞은 후, 치즈와 후추를 뿌린다. 모자란 간은 소금으로 한다.
- 접시에 담은 후 한 송이씩 딴 갓꽃을 뿌린다.

* 다른 식용 꽃으로도 꽃 파스타를 만들 수 있어요. 갓꽃과 비슷하게 생긴 배추꽃이나 유채꽃은 단맛이 나니 데치는 과정은 생략하세요.

사소하지 않은

수고로움

고사리 솥밥

외갓집은 봄엔 고사리를 꺾느라, 가을엔 밤을 수확하느라 바쁘다. 고사리 수확은 벚꽃이 떨어질 무렵부터 6월까지 이어지는데, 고사리 철이 되면 외가 식구들은 주말마다 모여 고사리 수확에 일손을 보탠다.

그날은 이른 아침부터 비가 내렸다. 봄비는 나무에 물을 올리고 꽃망울을 피워주는 고운 손님이지만 고사리를 수확하는 날만큼은 그렇게 야속할 수가 없다. 고사리는 잎이 피면 먹을 수가 없어서 싹이 올라오는 족족 꺾어줘야 한다. 비가 내린다고 미룰 수 있는 일이 아니다. 비가 오면 비옷에 장화까지 채비가 한결 번잡해지는 데다 젖은 산길을 올라야 하니 위험하기까지 하다.

'큰일이다. 비가 너무 많이 오는데…….'

허리를 숙여 일일이 꺾어야 하기 때문에 고사리 수확은 무척 고되다. 밤 산은 평지가 거의 없고 가팔라서 더욱 힘들다. 더구나 비까지 오니……. 일 바지를 챙겨 입은 나를 보고, 오늘은 숙련자만 간다며 집에 있으라고 어른들이 단호하게 말씀하신다. 나이 든 할아버지도 가시는데 못 갈 게 뭐냐고 우겨봤지만 "우리 중에 할아버지가 제일 베테랑이거든" 하는 엄마 말씀에 고개를 끄덕일 수밖에 없었다.

출발 전, 비옷을 단단히 챙겨 입고 장화를 신는 동안 어른들은 아무 말이 없다. 힘겨운 하루가 되리라는 걸 다들 알기 때문이리라. 서둘러 출발하는 밤 산 팀을 배웅하고, 나는 할머니를 도와 집안일을 하기로 했다.

비가 점점 굵어져 장독대 때리는 소리가 선명하다. 밤 산 쪽을 바라보니 능선을 따라 산안개가 허옇게 피어오른다. 먹구름 때문에 시야가 침침한 데다 기온까지 떨어져 모든 것이 을씨년스러워 보였다. 한기가 들어 나도 모르게 몸을 부르르 떨었다.

걱정이 되어 가만히 쉬지 못하고 이리저리 몸을 놀리는데, 반가운 오토바이 소리가 들린다. 봄비에 젖은 불룩한 고사리 자루가 오토바이에 실려 외갓집으로 돌아왔다. 산에 다녀온 할아버지, 큰외삼촌, 작은외삼촌, 엄마, 모두 비와 땀에 젖어 머리카락이 이마에 엉겨 붙었고, 추운 날씨 때문에 몸에서 김이 피어났다.

봄비는 생명을 움트게 하는 따스함 못지않게 혹독한 냉기도 머금고 있다. 그 비를 뚫고 생명이 자라고, 그 비를 뚫어야 얻을 수 있는 먹을거리도 있는 것이다.

커다란 보따리에 가득 찬 고사리를 외갓집 마당에 그대로 후드득 쏟아붓는다. 고사리 수확은 끝났지만 아직 마무리가 남았다. 티끌을 골라낸 다음, 고사리가 부드러워질 때까지 삶고, 삶은 고사리를 다시 잘 말려야 한다. 고사리 삶는 향이 습기 머금은 공기를 타고 사방으로 퍼졌다…….

손으로 눌렀을 때 은근하게 으깨진다 싶으면 이제 건져서 찬물에 헹군 후 말리면 된다. 원래는 햇볕에 말리지만 비 내리는 날에는 어쩔 수 없이 건조기에 넣는다. 여기까지 하면 그제야 고단하고 긴 고사리 수확 작업이 끝난다.

"욕봤다."

다들 고생했다는 할아버지의 말이 그날따라 묵직하게 와닿았다.

며칠 뒤, 할아버지께서 주신 말린 고사리로 솥밥을 해먹었다. 쌀을 안칠 때 불린 고사리를 함께 넣고, 밥 냄새가 나기 시작하면 불을 끄고 뜸을 들인다.

솥뚜껑을 열자 고사리 향이 안개처럼 퍼진다. 밥그릇에 덜어 간장과 참기름을 조금 넣고 슥슥 비벼 먹었다. 고소한 고사리와 쌀밥의 단맛이 어우러져 마음까지 폭신해진다. 구운 곱창김에 고사리밥을 한 숟가락 올려 먹으면 고소함이 갑절이 된다.

맛있게 먹다가 문득 비 내리던 그날을 떠올리며 새삼스레 생각한다. 무엇이든 당연히 얻어지는 건 없는 법이지. 어떻게 보면 말린 풀을 얹어 지은 소박한 한 그릇이지만 그 안에는 진한 땀방울이 스며 있다. 식탁 위에 오르는 모든 것이 아마 그럴 것이다. 감사한 마음을 곱씹으며 밥 한 톨 남기지 않고 싹싹 긁어 먹었다.

고사리 솥밥

쌀, 물, 고사리, 간장, 참기름

- 솥에 불린 쌀과 불린 고사리를 함께 넣고 강한 불에 안친다.
- 밥물이 끓으면 중간불로 낮추고 5분 정도 가열한 뒤, 약불로 낮춰 다시 10분 정도 가열한다.
- 불을 끄고 뚜껑을 덮은 채로 5분 정도 뜸 들인다.
- 살살 섞어 밥그릇에 담은 후 간장, 참기름과 함께 비벼 먹는다.

끝물도

두릅 김밥

맞춤한 자리는 있으니

어린이날, 절기상으로는 여름에 들어서는 입하다. 전날 비가 와서 그런지 유난히 하늘이 파랗다. 선선한 바람이 크로와상 같은 뭉게구름에게 갈 길을 재촉한다. 집에만 있기에는 아무래도 아까운 날씨다. 놀러 온 여동생과 함께 까미를 데리고 산책에 나섰다.

산책 길 옆으로 토끼풀꽃, 민들레 홀씨가 늘어서 있다. 부는 바람에 꽃들이 춤을 추고 민들레 홀씨가 드높이 날아간다. 튼튼한 토끼풀꽃 두 송이로 여동생 손목에 팔찌를 만들어줬다. 꽃팔찌 하나로 발걸음이 더 가벼워진다.

동네 꽃 풍경도 달라졌다. 노랑해당화가 흐드러지고 불두화가 동그란 고개를 내밀었다. 모내기를 준비하는 논에는 물을 대기 시작했다. 그 덕에 저녁이면 개구리가 시끄럽게 운다. 산에선 벌써 검은등뻐꾸기와 소쩍새 같은 여름새 소리도 들린다. 산과 들에 싱그러운 연두색과 짙은 녹색이 뒤섞였다. 절기 따라 이제 곧 봄이 저물고 여름이 찾아오겠지.

사실 이날이 5일이어서 산책이 더 행복했다. 날짜에 0과 5가 들어가는 날, 우리 집에서 가장 가까운 읍내에서 오일장이 열린다. 점심 먹고 마당 텃밭에 심을 모종을 사러 가기로 했다. 마당 한쪽 구석에 한 평 남짓한 텃밭이 있는데 전날 흙을 갈아엎고 거름을 섞어준 터였다. 어떤 작물을 심을지 메모하며 설레는 마음으로 잠들었다. 이렇게나 어린이날을 기다려본 것도 오랜만이다.

오일장이 열리는 읍내, 이 시장에는 유명한 모종 가게가 있다. 다리 밑에 있는 노점인데 이날은 손님이 정말 많았다. 휴일이라서 그렇기도 하겠지만, 모종 심을 날짜를 잘 정했구나 싶어 마음이 놓였다.

삼백 원부터 삼천 원까지 모종 가격은 다양했다. 호박잎쌈을 먹을 생각에 호박부터 고르고, 들깨, 고추와 상추, 가지, 토마토까지 몇 가지 모종을 샀다. 이것저것 고르니 만 원이 조금 넘는다. 지난

해에는 화분에다 고추 모종을 다섯 개 정도 심어 키웠는데, 일 년 내내 고추를 살 필요가 없었다. 이번에도 그렇게 키울 수 있으려나. 만 원여로 먹을거리를 풍족하게 얻을 수 있다면 그보다 수지 맞는 장사가 어디 있을까.

집에 돌아와 텃밭 옆에 모종을 쪼르르 늘어놨다. 지난해 매서웠던 장마가 떠올라 이랑을 높이 북돋아 물이 잘 빠져나갈 수 있게 했다. 호미로 땅을 파 모종을 하나씩 심고 흙이 떠내려가지 않게 조심조심 물도 줬다. 얼마 되지도 않는 작은 밭이지만 보고 있자니 뿌듯하고 흐뭇했다.

이것도 밭일이라고 꽤 힘이 든다. 이제부터 요리를 해서 뭘 먹자니 엄두가 안 났다. 고민하다가 며칠 전에 만들어둔 두릅나물이 생각나 간단하게 김밥을 말기로 했다. 엄마가 외갓집 동네에서 땄다며 보내준 늦두릅은 끝물이라 그런지 튀기거나 데쳐 먹기에는 질겼다. 잎이 피어버린 두릅을 잘 삶아서 소금, 참기름에 나물처럼 무쳤더니 밥반찬으로도 좋았다.

김밥용 김에 맨밥을 펴고 두릅나물을 올려 돌돌 만다. 정말 아무 재료 없이 그것 딱 한가지만 들어간 김밥이다. 간장에 식초를 살짝 넣고 연겨자를 풀어 겨자장을 만들었다. 젓가락으로 김밥 하나를 집어 겨자장에 살짝 찍어 먹었다. 참기름의 고소함과 두릅의 은은한 쌉쌀함이 입맛을 돋웠다. 거기에 톡 쏘는 연겨자가 포인트가 되니 끝도 없이 들어간다. 마지막 남은 김밥 하나가 아쉽고 아까워서 눈을 감고 봄을 음미하며 먹었다.

이튿날, 새벽부터 창을 비추는 강한 햇빛에 눈을 떴다. 어제 심은 작물들 안부가 궁금했다. 심을 때만 해도 힘이 없던 모종은 물을 먹고 싱싱하게 살아나 있었다. 멀지 않은 곳에서 찌르르 새소리가 들린다. 그러더니 이내 제비가 머리 위를 빙빙 돈다. 한 마리도 아니고 대여섯 마리다.

'혹시 제비가 우리 집에 둥지를 틀려는 걸까?!'

정말 그랬으면 좋겠다. 제비야, 박씨는 아무래도 괜찮으니 우리 집에서 함께 살자꾸나. 꽃이 온 동네를 장식하고 싱그러운 녹색이 가득한 계절. 작물과 돌아온 제비가 터전을 잡는 계절. 오월은 푸르다.

두릅 김밥

두릅, 김밥용 김, 밥, 소금, 참기름, 통깨
연겨자장: 간장, 물, 식초, 연겨자

- 밥은 고슬고슬하게 짓는다.
- 끓는 물에 소금을 살짝 넣고 두릅을 데친다.

  * 두꺼운 줄기를 눌렀을 때 말랑하면 잘 익은 거예요.

- 두릅의 물기를 제거하고, 소금, 참기름을 넣어 무친다.
- 김밥용 김에 밥을 깔고 만들어둔 두릅나물을 듬뿍 올려 김밥을 만다.
- 통깨를 뿌리고 연겨자장을 만들어 함께 곁들인다.

톡톡 터지는

돌나물 비빔밥

싱그러운 생명력

고작 한 평 남짓인 작은 텃밭 가꾸기가 이토록 어려울 줄이야. 이게 다 내 텃밭만큼은 친환경으로 가꿔보겠다는 섣부른 욕심 때문이다. 결론부터 말하자면 잡초와의 전쟁에서 나는 완패했다. 비닐도, 농약도, 살충제도 없이 텃밭을 일구려면 그만큼 부지런해야 하거늘 나는 영락없는 베짱이다.

물론 처음부터 그랬던 건 아니다. 처음에는 나도 의욕 가득한 개미였다. 그런데 아무리 열심히 뽑고 긁어내도 비 한번 오고 나면 잡초가 무섭게 돋아났다. 상식을 벗어난 무서운 속도라 징그럽기까지 했다. 뽑고, 긁고…… 그러다 비가 오면 다음 날 다시 빈틈없이 돋아난 잡초를 보며 허무함을 느끼고……. 이걸 몇 번 반복하고 나니 엉뚱하게도 '이렇게까지 살려고 하는데 적당히 뽑아야겠다'는 게으름 섞인 너그러움이 생겨났다.

잡초의 방해 공작에도 작물은 제 나름대로 성실하게 자라났다. 벌레가 갉아 먹어 구멍은 났지만 갈수록 잎이 무성해지는 루꼴라와 당귀, 용케 보라색의 앙증맞은 꽃까지 피워낸 타임. 모두 기특하기 그지없다. 내 작은 텃밭에서는 잡초도 작물도 사이좋게 쑥쑥 큰다.

그 넘치는 생명력은 식물에만 머무르지 않았다. 텃밭을 일구기 시작할 무렵 박새 부부가 우리 집에 터전을 잡았다. 처음에는 박새 두 마리가 왔다 갔다 하는구나 싶었을 뿐 둥지를 튼 것도 몰랐다. 그런데 잡초를 뽑고 있던 어느 날, 어디선가 작게 삐악삐악 소리가 들렸다. 여리지만 '나 여기 있어요'라는 존재감이 확실한 소리였다. 귀를 기울이니 텃밭 바로 옆, 빈 나무둥치 속에서 소리가 났다. 슬쩍 들여다보니 엄지손가락보다도 작은 새끼 박새들이 옹기종기 모여 있다. 털도 없고 눈도 채 뜨지 못한 상태였다. 자세히 보니 새끼들 옆에 까미의 털이 수북했다. 둥지 재료로 따뜻한 까

미 털을 쓴 모양이다. 빗질하고 내버려둔 까미 털이 이렇게 유용하게 쓰일 줄은 몰랐다.

우리 집에 새 생명이 깃들다니, 너무 감동적이고 사랑스러워 발을 동동 구르며 소리 없는 아우성을 질렀다. 박새 부부는 서쪽 숲에서 부지런히도 벌레를 물어다 날랐다. 잡초 뽑는 내게 동료가 생긴 것만 같았다.

원래도 약을 전혀 쓰지 않을 생각이었지만, 박새 둥지를 발견한 이후로는 더더욱 조심할 수밖에 없었다. 아무리 친환경적인 약품을 조금만 사용한다 해도 작물에 있는 벌레를 주워 먹었다가 혹여 작은 새들이 치명상을 입을까 걱정스러웠기 때문이다.

그런 고집의 혜택을 나도 함께 누린다. 텃밭 옆 작은 대추나무 근처에는 연두색의 싱그러운 돌나물이 가득 돋아나 있다. 청정지역이니만큼 이 구역의 돌나물은 안심하고 수시로 먹을 수 있다. 돌나물은 비라도 내리면 물기를 머금고 잎이 통통해지는데, 물방울 맺힌 그 모습은 싱싱함 그 자체다.

돌나물의 통통한 잎을 만지면 탱글탱글함이 손끝으로 느껴진다. 딸 때마다 톡톡 좋은 느낌이 난다. 꺾은 돌나물 줄기에선 풋내가 나는데 그조차 싱그럽다. 귀찮고 지루한 텃밭 일에 지쳐도 돌나물만 따면 밥걱정은 없다. 강된장만 한 냄비 미리 끓여두면 된다. 돌나물은 조리 없이 날것 그대로 먹는 게 가장 맛있기 때문에 달걀만 하나 부쳐서 강된장 넣고 비빔밥을 해먹으면 진수성찬이 부럽지 않다. 강된장이 질리면 고추장, 참기름을 넣고 비벼 먹어도 일품이다.

돌나물 듬뿍 넣은 비빔밥 한 그릇을 준비해서 마당 데크에 앉았다. 돌나물을 씹을 때마다 물이 톡톡 터져 나온다. 마치 돌나물이 머금었던 이슬과 봄비를 그대로 먹는 것 같다. 간소하지만 한편으로는 신선이 먹는 음식처럼 호사스럽다. 나무둥치로 다이빙을 하는 박새 부부를 지켜보며 한술 크게 떠 입에 넣는다.

'행복이 별거 있나, 이런 게 진짜 행복이지.'

얼마 전까지만 해도 겨울과 별반 차이가 없었는데, 어느새 봄은 절정으로 치닫고 있다. 봄비가 한 번 내리고 나면 주변 풍경이 극적으로 바뀐다. 봄은 햇빛과 빗물 닿는 곳을 두루 보살피고, 살아있는 모든 것을 키운다.

돌나물 비빔밥

밥, 싱싱한 돌나물, 강된장, 달걀

강된장 : 양파 한 개와 제철 채소를 잘게 썰고 된장을 넣어 끓인다. 채소에서 물이 나오니 물은 조금만 넣는다.

* 조금 더 자세한 강된장 레시피는 129페이지 '짜박된장'을 참조하세요.

◦ 그릇에 모든 재료를 담고 슥슥 비빈다.

  * 강된장 대신 고추장이나 쌈장을 사용하려면 마지막에 참기름을 한 바퀴 두르세요.

돌미나리전

어릴 적 여름방학 내내 외갓집에 살았기에 그곳 음식이 내 몸집을 키우고 마음을 채웠다고 해도 과언이 아니다. 특별한 반찬 하나 없어도 외할머니가 밥상을 차려주시면 희한하게 두 그릇도 거뜬했다.

할머니 음식을 먹고 자란 내가 이제는 거꾸로 할머니께 요리를 해드린다. 외갓집 앞에 있는 시냇가에는 봄이 되면 돌미나리가 파릇하게 돋아난다. 언젠가 할머니께 돌미나리로 전을 부쳐 드렸는

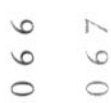

데, 그날 이후 할머니는 돌미나리를 볼 때마다 나를 떠올리신다고 한다. 내가 외갓집을 찾는 또 하나의 이유다.

연락 없이 불쑥 찾아간 날, 대문을 활짝 열고 할머니를 크게 부른다.

"니가 와 여기 있노?"

깜짝 놀란 할머니에게 활짝 웃어 보이며 대수롭지 않게 대답한다.

"할머니 미나리전 구워드리려고 왔지!"

얕은 개울가에 돋아난 돌미나리는 '싱그럽다'는 말로는 다 표현이 안 된다. 따스한 봄볕은 시냇물 위로 아름다운 윤슬을 빚어내고, 돌미나리 잎의 연두색도 빛을 받아 반짝인다. 바람이라도 불면 미나리에 맺혔던 물방울이 반짝이며 흩어지는데 봄의 정령이 있다면 이런 모습이 아닐까 하는 생각이 절로 든다. 차르르르 하는 소리가 들리는 것 같은 착각이 든다.

갓 딴 돌미나리는 흐르는 물에 깨끗이 씻어 준비한다. 소쿠리에 담긴 돌미나리의 생기 넘치는 모습에 덩달아 신이 난다. 미나리전 반죽은 가루를 미나리에 살짝 묻히는 정도로 가볍게 한다. 돌미나리를 그냥 구워 먹는 것과 다를 바 없을 정도로 반죽이 적지만, 이렇게 해야 바삭함과 미나리 향을 모두 살릴 수 있다. 할머니의 오래된 부엌이 손녀가 요리하는 소리로 가득 채워진다. 투박한 무쇠

칼로 돌미나리 써는 소리, 봄비 소리를 닮은 지글지글 전이 익는 소리……. 돌미나리는 생채로 무쳐도, 페스토를 만들어도 좋지만 역시 내게는 전이 최고다.

완성된 돌미나리전은 어딘지 모르게 할머니의 요리를 닮았다. 투박하지만 정겹고 단순하지만 계절의 정수가 담겨 있다. 돌미나리가 비록 봄의 정령은 아닐지라도 할머니와 나를 살포시 이어주는 것만은 분명하다. 봄바람이 불어오면 나만 할머니 음식을 떠올리는 게 아니라 할머니도 내가 만든 음식을 기다리시겠구나 싶어 마음에 봄처럼 포근한 온기가 퍼진다.

할머니의 요리를 먹어온 시간보다 이렇게 요리를 해드릴 수 있는 시간이 더 적게 남았음을 이제는 안다. 할머니의 요리가 내 영혼을 채운 것처럼, 내 요리 또한 할머니에게 힘이 될 수 있으면 좋겠다.

돌미나리전

미나리, 청양고추, 부침가루

- 잘 씻은 미나리를 먹기 좋게 자르고, 겉면에 부침가루를 골고루 묻힌다.
- 가루에 물이 묻을 정도로만 물을 조금씩 부어 반죽을 만든다.
  * 매운맛을 좋아하면 청양고추를 잘라 넣어요.
- 달군 팬에 식용유를 두르고 반죽을 얇게 편다.
- 꾹꾹 눌러가며 노릇하게 지진다.

식탁 위에 피어난

아까시꽃 튀김

봄의 절정

봄은 계절 전체가 하나의 멋진 클래식 공연 같다. 잔잔하게 시작해서 차례대로 다양한 이야기를 펼쳐낸다. 산수유와 매화가 봄을 알리면, 산벚나무에 꽃이 핀다. 벚꽃이 지고 나면 초록이 들녘을 메우고, 과실수가 꽃을 피운다. 잔잔하게, 조금 빠르게, 다시 잔잔하게……. 그러다 갑자기 폭발하듯 클라이맥스로 치닫는다.

5월 말, 소만이 지나고 봄이 마지막 절정에 이르면 세상은 한결 화려해진다. 짙은 녹색 잎으로 빽빽해진 숲과 들에는 등나무, 오동

나무 꽃이 만개하고, 산은 이팝나무꽃과 아까시꽃, 찔레꽃으로 하얗게 물든다.

봄의 절정을 알리는 진한 향기를 만끽하고 싶어 남편, 까미와 함께 근처 산에 올랐다. 조금 올라갔을 뿐인데 벌써 산 곳곳이 하얗다. 산골짜기를 타고 내려온 바람에 아까시꽃이 너울너울 춤을 춘다. 그 출렁임에 맞춰 봄기운이 농축된 향기가 날아온다. 취할 것처럼 감미롭고 낭만적인 향이다. 하얀 찔레꽃과 아까시꽃이 수놓인 길을 따라 천천히 산을 오른다. 산 위에서 내려다본 풍경은 더 멋지다. 저 멀리 다른 산들도 눈이 내린 것처럼 아까시꽃으로 하얗게 뒤덮여 있다.

절정에 이른 봄을 식탁에도 들이고 싶었다. 흩날리는 꽃잎을 따라 산을 내려오면서 낮은 아까시나무의 꽃송이를 골라 땄다. 피지 않은 꽃봉오리 모양이 마치 고운 버선 같다. 포도처럼 주렁주렁 꽃봉오리가 달린 꽃송이를 코에 대고 향을 맡았다. 달콤한 향기에 머리가 아득해진다.

아까시꽃은 간단히 튀기기로 했다. 봄이면 두릅이나 아까시꽃을 튀겨 먹곤 하는데, 메밀국수나 우동과 곁들여도 좋다. 꽃향기를 최대한 살리고 싶어서 반죽을 얇게 하고, 기름 온도를 평소보다 조금 높여 빠르게 튀겨냈다. 포도송이 모습이 그대로 살아 있

어 보기에도 좋았다.

바삭- 하는 소리와 함께 은은한 아까시향이 입안 한가득 퍼진다. 먹으면 먹을수록 떠나가는 봄이 벌써부터 아쉽고 그립다.

며칠 뒤, 비가 많이 내렸다. 세찬 비에 아까시꽃이 속절없이 땅으로 떨어진다. 늦봄의 꽃이 차례차례 고개를 떨어뜨린다. 도입부부터 클라이맥스까지 완벽했던 봄이라는 공연이 막을 내리려 하고 있었다.

아까시꽃 튀김

아까시꽃, 튀김가루, 전분 조금

- 아까시꽃은 꽃이 피지 않은 것으로 준비해, 잠시 물에 담갔다가 흐르는 물에 깨끗이 씻는다.
- 튀김가루에 전분을 섞어 반죽물을 묽게 만든다.
- 아까시꽃 겉면에 전분을 살짝 묻히고 반죽물에 담갔다 뺀다.
- 기름 온도를 180도로 맞추고 튀김옷이 바삭하게 익을 정도로만 튀긴다.

여름

짧은 밤에도 별빛은 밝게 빛나고

완두콩국수

감자 샐러드

수제비

보리차 밥과 오이지

다슬기 장조림

복숭아 병조림

토마토 스파게티

호박잎쌈

방울토마토 마리네이드

열무김치 비빔밥

여름을 상큼하게

맞이하는 법

완두콩국수

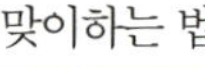

어느새 낮이 길어지고 태양의 고도도 많이 높아졌다. 그만큼 한낮의 공기도 뜨거워진다. 초여름의 햇살은 빛깔도 깊이도 봄과 다르다. 한층 더 눈부시게 쨍해진 햇빛을 보며 여름 문턱에 들어섰음을 실감한다.

초목들은 따가워진 햇살 아래에서 쑥쑥 자란다. 짙은 초록을 바탕으로 다채로운 색이 캔버스 위에 덧입혀진다. 벼는 하루가 다르게 자라고, 밤꽃이 피기 시작한 뒷산 너머에는 낮달이 떠 있다. 푸

르던 보리는 황금색으로 익어간다. 무밭에는 연보랏빛 무꽃이 점점이 피기 시작한다. 초여름이다.

계절은 시각만이 아니라 후각으로도 찾아온다. 이때쯤이 되면 어쩐지 완두콩 찌는 향부터 떠오른다. 여름 기운이 감돌기 시작하면 가장 먼저 수확하는 작물, 완두. 이른 봄에 심는 완두는 늦봄이 되면 꼬투리를 통통하게 부풀린다. 갓 딴 완두의 깍지를 까면 잘 영근 완두가 알알이 박혀 있다. 반질거리는 완두콩 형제들이 옹기종기 모여 풋내 스민 연둣빛을 뽐낸다. 봄이라기엔 짙고 여름이라기엔 연한, 딱 그 사이의 색이다.

콩이라면 다 좋아하지만 완두콩을 특히 좋아한다. 껍질째 그대로 쪄서 톡톡 까먹으면 그렇게 맛있을 수가 없다. 씹으면 톡 하고 터지는 식감, 입안에 퍼지는 수분감, 특유의 단맛, 동그란 모양, 초여름을 떠올리게 하는 싱그러운 색까지, 모든 것이 좋다.

완두콩을 좋아하는 데는 추억도 한몫을 한다. 그 안에는 둥글둥글 행복한 기억이 스며 있다. 초여름이면 외갓집 마루에 앉아 할머니, 동생과 함께 찐 완두콩을 까먹곤 했다. 완두 꼬투리를 입에 넣고 앞니 사이로 꼬투리 끝을 잡아당기면 도르륵 콩만 입에 남는다. 그 재미에 완두콩으로 배를 채우기도 했다. 학교 급식 메뉴 인쇄물에 '완두콩밥'이 있으면 기쁨에 겨워 형광펜으로 표시했다. 밥에 송송 박힌, 잘 익어 쪼글쪼글 주름이 잡힌 완두콩이 그렇게 귀여울 수 없었다. 완두콩은 '이제 여름이란다' 하고 알려줄 뿐만 아니라 이맘때의 소소하지만 즐거운 기억을 생생하게 되살려낸다.

오일장이 서던 날, 완두 한 망을 사서 집에 오자마자 손질을 시작했다. 콩깍지의 모서리를 손으로 누르자 톡! 하고 꼬투리가 벌어진다. 그 안에 실한 완두 알이 사이좋게 자리 잡고 있다. 당장 먹지 않을 분량은 까서 냉동실에 보관해두고, 나머지는 꼬투리 그대로 어린 시절 할머니가 해주신 것처럼 찐 다음 한 김 식혀 톡톡 까먹었다. 고소하고 달큼해서 자꾸만 손이 간다.

점심으로 무얼 먹을까 하다가 찐 완두콩으로 콩국수를 만들기로 한다. 보통 콩국수 하면 메주콩으로 만든 뽀얗고 부드러운 모양새를 떠올리지만, 완두콩으로 만들어도 꽤 별미다. 찐 완두를 물과 함께 갈아 콩물을 만든다. 국수를 삶아 그릇에 담고, 콩물을 붓는다. 오이도 채 썰어 고명으로 얹는다. 보기에도 시원하고 풋풋한 완두콩국수 한 그릇이다.

초여름 그 자체인 완두콩국수 그릇 위로 환하게 부서지는 햇빛도 멋진 고명이 되어주었다. 면을 살살 저어 연둣빛 콩물에 적시고 한 젓가락 떠서 후루룩 먹는다. 달콤하고 고소한 맛이 순식간에 입안에 퍼진다. 메주콩으로 만든 콩물만큼 고소하진 않지만 부드럽고 달큼하다.

완두콩국수의 싱그러운 빛깔과 생생한 맛이 마음을 상쾌하게 돋워준다. 올해도 어김없이 완두콩과 함께 여름을 맞이했다.

완두콩국수

완두콩, 물, 소금 혹은 설탕, 소면, 오이, 통깨

- 삶거나 찐 완두와 물을 믹서에 넣고 함께 간다.
  * 물 대신 두유를 사용해도 좋아요.
- 취향에 따라 소금, 설탕으로 간한다.
- 국수를 삶아 그릇에 넣고 간한 콩물을 부은 다음 채 썬 오이, 통깨 등을 올린다.

감자 샐러드

혼자서는

만들어낼 수 없는 맛

'여기 사니까 감자꽃을 다 만나네.'

까미와 산책하다가 감자꽃을 만났다. 시골에서도 감자꽃 보기란 쉬운 일이 아니니 운이 좋았다. 꽃을 그대로 두면 감자가 자라지 못한다 하여 보통은 꽃송이를 다 따버리기 때문이다. 화창한 계절, 한껏 제 모습을 뽐내는 다른 꽃들과 달리 감자꽃은 아무 말 못 하고 모가지가 뚝뚝 꺾이고 만다.

하얀 꽃잎에 연보랏빛이 살짝 스며 있다. 꽃밥이 어린 병아리처

럼 샛노래서 전체적으로 마치 별 모양의 등갓을 씌운 등불 같다. 짙은 녹색의 잎 덕에 그 빛이 더 밝아 보인다. 환하게 켜진 등불을 보고 꿀벌들이 찾아왔다.

그래, 감자도 꽃을 피우는 풀이었지. 어디 꽃뿐인가. 꽃을 그대로 두면 방울토마토를 닮은 녹색 열매도 맺는다. 감자꽃을 발견하지 못했더라면 감자가 꽃도 피우고 결실도 맺는 식물이라는 걸 잊을 뻔했다.

어릴 때는 외할아버지가 수확해 보내주신 감자로 여러 가지 요리를 해 먹었다. 이맘때 엄마는 으레 커다란 냄비에 감자를 쪘다. 동생과 함께 갓 찐 감자를 호호 불어가며 설탕을 콕콕 찍어 먹는 동안 엄마는 감자 샐러드를 만드셨다. 그때는 '사라다'라는 일본식 단어가 더 익숙했다.

찐 감자를 으깨고 절인 오이와 당근을 넣는다. 거기에 커다랗고 네모난 직사각형의 햄을 작게 잘라 넣는다. 삶은 달걀도 흰자는 작게 잘라서, 노른자는 으깨 넣는다. 마지막으로 마요네즈와 소금, 설탕을 넣고 섞는다. 이렇게 완성한 엄마표 감자 샐러드를 커다란 플라스틱 통에 가득 담아 냉장고에 넣어두고 며칠을 먹곤 했다.

나른한 오후, 여동생과 둘이 텔레비전 앞에 앉아 만화를 봤다. 한창 만화에 빠져 있으면 창밖으로 부우우웅 하고 소독차 지나가는 소리가 들렸다. 그 소리가 무슨 신호라도 되는 양 우리는 손을 맞잡고 달려 나가 소독차를 쫓았다. 그 연기가 몸에 안 좋은 줄도 모르고 열심히도 따라다녔더랬다. 마치 땅에 구름이 내려온 것만 같아서, 소독차 아저씨에게 혼이 나면서도 살금살금 숨어 다니며 차를 쫓았다.

한바탕 신나게 소독차를 따라다니다 집에 돌아오면 덥고 배가 고팠다. 그래도 걱정 없다. 우리에겐 감자 샐러드가 있으니까. 냉장고를 열면 언제나 엄마가 만들어둔 감자 샐러드가 든든하게 자리를 지키고 있었다. 냉장고 문도 닫지 않고 그 앞에 앉아 숟가락을 들고 샐러드를 통째로 퍼 먹었다. 부드러운 감자, 아삭아삭 씹히는 채소, 맛있는 햄까지……, 팥빙수에 버금가는 완벽한 여름 간식이다.

감자꽃이 열어준 추억을 한참 더듬다 보니, 그 여름날이 무척 그리워져 그때 그 감자 샐러드를 만들어보기로 했다. 부재료도 푸짐하게 넣고 마지막에는 노른자를 가는 망에 걸러 솔솔 뿌려줬다. 한 입 먹자마자 잊고 있던 기억까지 주르륵 떠오른다. 그리운 음식은 그날의 감각까지 고스란히 불러온다. 오후 햇살이 비스듬하게 들어오던 그때 그 집과 넓게만 느껴지던 골목길, 아빠 엄마가 퇴근하기를 기다리며 봤던 만화, 소독차를 쫓으며 맞잡았던 동생의 자그마한 손…….

완성된 감자 샐러드는 부드럽고 맛있었다. 재료도 더 많이 넣고 모양도 정성스레 매만졌으니 부족할 리 없었다. 하지만 엄마가 만들어줬던 그때 그 맛은 아니다. 할아버지가 수확한 감자에 엄마의 사랑까지 듬뿍 들어간 샐러드, 아무 걱정 없이 작은 것에도 그저 행복했던 어린 시절. 추억과 사랑이 섞인 감자 샐러드의 맛을 나 혼자 내기엔 역부족인가 보다.

감자 샐러드

감자, 당근, 오이, 햄, 달걀, 마요네즈, 후추, 소금, 설탕

- 삶거나 찐 감자를 뜨거울 때 으깬다.
- 달걀도 삶아서 흰자는 작게 자르고 노른자는 으깬다.
- 얇게 저민 오이와 잘게 썬 당근을 소금에 절이고, 햄은 당근 크기에 맞춰 썬다.
- 으깬 감자에 준비해둔 달걀, 물기를 짜낸 채소와 햄을 넣고, 마요네즈와 후추를 넣어 섞는다.

  * 머스터드 소스를 조금 추가하면 더 맛있어요.

- 소금과 설탕으로 간한다.

장마철의 눅눅함을 달래주는

수제비

따끈함

뉴스에서 연일 비 피해 소식을 전한다. 비는 너무 안 와도 걱정, 너무 많이 와도 걱정이다. 큰비 소식을 들을 때마다 시냇가 앞에 위치한 외갓집이 걱정되어 몇 번이고 전화로 안부를 여쭸다.

온 세상이 물에 잠긴 것처럼 축축한 가운데 우리 집에도 사소한 문제가 생겼다. 제습기를 아무리 틀어도 습도 관리가 되지 않아서 집 곳곳에 곰팡이가 핀 것이다. 도마와 주걱 등 평소 사용하던 나무 제품에도 곰팡이가 났다. 보일러도 틀어보고 서큘레이터로 공기도 순환시키며 곰팡이와 사투를 벌였다.

'이제 좀 그만 내렸으면 좋겠다…….'

여름인데 화창한 하늘을 본 지가 언젠지 까마득하다. 해가 없으니 텃밭에 심어둔 방울토마토와 고추도 잘 자라지 못한다. 야심차게 키우기 시작한 작물이 시들시들하자 그렇잖아도 처지는 마음이 더 가라앉는다.

평소에는 빗소리를 좋아하지만, 이렇게까지 끝없이 내리는 비에는 역시 질리고 만다. 너무 많이 내리는 비는 집도, 사람도, 식물도 지치게 한다. 높은 습도 때문에 물에 젖은 듯 몸이 무겁고 마음마저 찌뿌드드하다. 이럴 땐 축 가라앉은 마음을 달래줄 음식이 간절하다.

장마철이 되면 엄마는 늘 수제비를 해주셨다. 엄마의 수제비에는 미역과 청양고추가 들어가 국물이 얼큰하고 시원했다. 습도 높은 여름날에도 수제비 한 그릇을 먹으면 장마철의 개운치 않은 기분이 슬며시 녹아내리곤 했다. 그래, 뜨끈한 수제비를 먹으면 우울한 기분이 조금 진정될 거야.

찬장에서 밀가루를 꺼내서 반죽을 했다. 쫄깃함을 더하기 위해 감자 전분과 참기름도 조금 넣었다. 물을 조금씩 넣어가며 열심히 치대다 보면 어느 순간 반죽이 하나로 뭉쳐지고 말랑말랑해진다. 냉장고에 넣어 하룻밤 숙성시키기로 하고, 미리 멸치 맛국물도 진

summer

하게 우려뒀다.

자고 일어나니 모처럼 비가 내리지 않는다. 건너편에 산안개가 피어오르고 있다. 비온 뒤 깨끗해진 공기를 타고 날아다니는 새의 소리는 전과 다르다. 날카롭고 청명하다. 생생한 생명력이 그대로 전해진다. 습도가 완전히 잡힌 건 아니지만 그래도 왠지 개운한 기분이 들어, 곰팡이 핀 물건들을 싹 닦아내고 집 청소까지 끝냈다.

어제 만들어둔 반죽을 냉장고에서 꺼내 찬기가 가시기를 조금 기다렸다가 요리를 시작했다. 수제비는 얇게 떠야 맛있는데, 엄마처럼 능숙하게 큰 덩어리를 붙잡고 바로 뜰 자신은 없어서 우선 반죽을 조금씩 나눠 밀대로 밀었다. 쭉쭉 밀리는 걸 보니 반죽이 잘된 것 같다.

팔팔 끓는 맛국물에 감자를 제일 먼저 넣고, 얇게 민 반죽을 다시 더 얇게 떼어가며 넣는다. 미리 밀어둔 덕분에 나름 보기 좋은 모양이 나왔다. 익은 수제비 반죽이 하나둘 떠오르기 시작한다. 엄마가 만들던 것처럼 미역, 호박, 고추도 넣었다. 한소끔 더 끓여내는 시간은 인내심을 요한다. 조금만 더, 조금만 더 하면서 조바심을 애써 다스리며 기다린 끝에 속을 개운하게 풀어줄 수제비 한 그릇이 완성되었다.

청양고추의 칼칼함과 미역의 고소하고 시원한 맛이 잘 어우러진, 몸이 스르르 풀리는 맛이다. 수제비 반죽도 쫄깃하면서도 야들야들 부드러웠다. 밀대로 민 다음 뜨기를 잘했다. 어설프게 바로 손으로 떴다면 두툼해서 이런 식감이 나오지 않았을 것이다.

마른장마나 기록적인 폭우처럼 인간의 사정을 봐주지 않는 자연의 비정함을 막을 방도는 없다. 하지만 가라앉고 지치는 마음을 달랠 수는 있다. 수제비의 적당히 칼칼하고 고소한 맛은 장마에 뿔난 나의 마음을 누그러뜨리기에 실로 충분했다…….

수제비

중력분, 감자 전분, 참기름, 멸치 맛국물, 미역, 감자, 청양고추, 호박, 대파, 액젓(국간장), 소금

- 중력분에 감자 전분과 참기름을 넣고 물을 조금씩 넣어가며 반죽한다.
- 반죽이 말랑말랑해지면 냉장고에 넣어 하루 숙성시킨다.
- 만들어둔 맛국물이 끓어오르면 감자를 넣고, 반죽을 조금씩 떼어 넣는다.
- 국물에 불린 미역을 넣어 끓이다가 호박을 넣는다.
- 감자와 호박이 익으면 청양고추, 대파를 넣는다.
- 액젓이나 국간장으로 간하고, 부족하면 소금을 넣는다.

보리차 밥과 오이지

어릴 때는 끓인 물을 마셨다. 나는 친할머니 손에 자랐는데, 할머니 댁 부엌 식탁 위에는 언제나 투명한 갈색의 보리차가 있었다. 커다란 주전자에 담겨 있기도 했고, 다 먹고 남은 오렌지 주스 병에 담겨 있기도 했다. 가끔은 옥수수차나 둥굴레차로 바뀌기도 했지만 언제나 다시 보리차로 돌아왔다.

"물에 밥 말아서 먹을까?"

"네!"

할머니는 자주 보리차에 밥을 말아 드셨다. 입맛이 없어서 그러신 건데, 어린 나는 멋모르고 할머니를 따라 자주 그렇게 먹었다. 그런 날은 으레 부엌 식탁이 아니라 할머니 방에서 식사를 했다. 밥상을 펴놓고 방바닥에 앉아서 할머니와 텔레비전을 보며 밥을 먹던 기억이 아직도 또렷하다.

보리차는 밥내를 품어서 한층 더 구수해지고, 밥알은 촉촉해져서 꿀떡꿀떡 넘기기 딱 좋았다. 잘 익은 김치나 오이지만 있어도 좋고, 짭짤한 굴비와 함께라면 몇 그릇이고 먹을 수 있었다.

시장에 나가보니 오이지용 오이가 많이 보였다. 피클을 담아볼까 하다가 날도 더운데 뭔가를 끓이기가 싫어서 오이지를 담그기로 했다. 몇 년 동안 두고 먹을 게 아니라면 굳이 소금물에 삭히지 않아도 된다. 잘 씻은 오이에 설탕, 소금, 식초를 붓고, 색깔이 누렇게 된 오이와 아직 초록빛을 띠는 오이의 자리를 바꿔주면서 며칠 기다리면 끝이다.

이렇게 만들어둔 오이지는 더운 날, 요리하기 귀찮을 때 딱이다. 쪼그라든 오이지를 쫑쫑 썰어 고춧가루, 매실청, 참기름 조금 넣고 무쳐냈다. 오도독 오도독 맛이 좋았다. 냉장고에 넣어뒀던 보리차를 꺼내 밥을 말았다. 투명한 보리차 빛깔이 곱다. 먼저 밥이 담긴 보리차를 후루룩 마셨다. 구수하고 시원하다. 오이지와 함께

s u m m e r

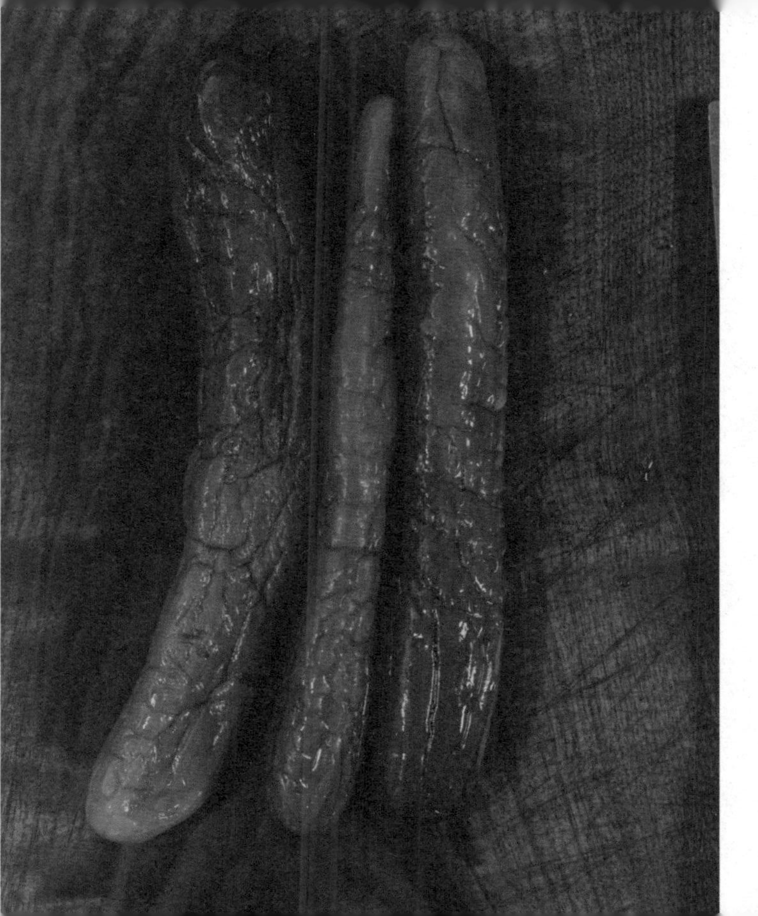

국밥 먹듯 후루룩, 간단하고 소박하지만 산뜻한 씹는 맛이 더할 나위 없다.

퇴근한 남편과 함께 밤바람도 쐴 겸 집 근처 논밭 사이를 드라이브했다. 언덕에 잠시 차를 세우고 텀블러에 담아 온 시원한 보리차를 나눠 마신다. 텀블러 속 얼음이 녹으며 챙그랑, 소리를 낸다. 스피커에선 재주소년의 〈여름밤〉이 흘러나온다. 여름밤을 표현한 기타 선율에 개구리 소리가 더해진다.

우리 두 사람 다 말이 없고, 아무것도 보이지 않는 칠흑 같은 어둠 속에 별만 총총하다. 도시의 야경에 비하면 보잘것없는 풍경이다. 마치 보리차 밥과 오이지무침처럼. 하지만 그로써 얻는 만족은 도시의 화려함이나 십이첩반상의 풍족함에 비할 바가 아니다.

산들바람과 별, 개구리 소리로 가득 찬 밤. 시원한 보리차 한 잔과 함께하는 이 순간이 내게는 특별하고 완벽한 여름밤이다.

물 없이 담그는 오이지

오이지용 오이, 천일염, 설탕, 식초, 소주

- 오이지용 오이는 굵은 소금으로 문질러 씻는다.
- 밀폐용기에 오이를 쌓고 천일염, 설탕, 식초, 소주를 붓는다.

  * 오이 25개 기준으로 각 250g, 500g, 500g, 반병
- 골고루 익도록 한 번씩 뒤집어준다.
- 일주일에서 열흘 정도 숙성시킨다.

할아버지의

누진한 사랑

다슬기 장조림

여름 내 엄마의 취미 생활이 한창이다. 바로 다슬기 잡기. 경상도에서는 흔히 '고디'라고 부르는데 엄마는 여름만 되면 모기가 무는 줄도 모르고 다슬기 잡는 재미에 푹 빠진다. 외갓집 앞 개울, 저녁이 되면 더운 낮 동안에는 바위 밑에 숨어 있던 다슬기가 하나 둘 기어 나오기 시작한다. 허리를 숙이고 손전등을 비춰가며 잡는데, 어찌나 다슬기가 많은지 손으로 개울 바닥을 훑으면 한 줌 가득 쥐어질 정도다.

"아버지, 보름인데도 고디가 꽉 차고 좋죠?"

"그렇네. 억수로 크네."

외할아버지와 엄마의 대화를 가만히 듣다가 물었다.

"보름이랑 고디랑 무슨 상관이에요?"

"보름달이 뜨면 밝아서 다슬기가 엄청 돌아다니거든. 그러면 살이 별로 없다."

대답인즉슨 달이 밝으면 다슬기가 밤에 평소보다도 더 많이 돌아다녀 살이 빠지고, 그믐이 되어 달이 어두우면 절로 씨알이 굵어진다는 것이었다. 대화를 하는 사이 잡아둔 다슬기들이 슬금슬금 대야를 넘어가려고 하고 있었다.

잡은 다슬기는 하룻밤 물에 담가뒀다가 흙이 안 나올 때까지 깨끗이 씻은 후 삶는다. 너무 오래 삶으면 질겨지고, 너무 덜 삶으면 살을 발라내기 힘들기 때문에 적당히 삶는 것이 중요하다.

삶은 다슬기는 하나하나 살을 발라낸다. 속살을 바늘로 하나씩 까야 하니 지루하고 고된 작업이 아닐 수 없다. 왼손으로 바늘을 쥐고, 오른손으로는 다슬기 껍데기를 잡는다. 바늘 끝을 다슬기 살에 찌르고 오른손 엄지와 검지로 다슬기 껍데기를 돌돌 굴리면 살이 쏙 빠져나온다. 발라낸 다슬기 살은 아이보리색, 민트색, 녹색 등 다양한 빛깔이 오묘하게 섞여 있다.

양이 워낙 많아서 두 시간 가까이 할아버지와 다슬기 살을 빼냈다. 할아버지는 돋보기까지 쓰시고는 정성스레 딸의 수확물을 손질하셨다. 언제 다 까나 싶어 한숨이 났는데 말없이 손을 놀리다 보니 어느새 다슬기 살이 차곡차곡 쌓였다. 어깨와 목이 결려 계속 들썩이는 나와 달리 할아버지는 다 깔 때까지 한 치도 흐트러짐이 없으시다.

이튿날, 엄마가 또…… 다슬기를 잡았다. 이쯤 되면 취미가 아니라 노동 아닌가 싶은데도 엄마는 마냥 즐겁기만 한가 보다. 잡아서 삼촌들, 이모한테도 나눠줄 요량이라고 하셨다. 할아버지와 앉아서 또 몇 시간 동안 살을 발라냈다. 어제가 다시 찾아왔나 싶게, 나는 어깨가 아파 몇 번이나 스트레칭을 하는데 할아버지는 흔들림 없이 자세를 유지하신다.

"엄마! 그거 있잖아. 그 고디로 장조림처럼 하는 거, 그거 좀 해주면 안 돼?"

다음 날 외갓집에 놀러 온 이모가 발라놓은 다슬기 살을 보고 할머니더러 장조림을 해달라신다. 어릴 때 할머니가 종종 해주셨는데 그게 그렇게 먹고 싶었다며. 어머니 음식이 그리운 건 나이를 먹어도 마찬가지인가 보다. 할머니는 귀찮게 한다고 투덜대면서도 딸을 위해 선뜻 다슬기 장조림을 만드셨다. 옆에서 도와드리며 보니 다슬기 살에 간장 양념을 하고 매콤하게 청양고추도 넣어

조리는, 말 그대로 장조림이었다.

지금껏 다슬기 요리라고는 호박잎 넣고 끓이는 초록색의 다슬기국밖에 몰랐는데, 점심에 따끈한 밥에 다슬기 장조림을 올려 맛보니 다슬기국보다 더 맛있다. 다슬기에서 나온 감칠맛 덕에 이것 하나만 먹어도 밥도둑이다. 탱글탱글한 식감도 좋다. 이 맛을 왜 여태 몰랐을까.

그날은 이모까지 가세해 다슬기를 잡았다. 잡는 건 그렇다 쳐도 또 다슬기 살을 발라낼 생각을 하니 아찔했다. 이제 그만 좀 잡으시지. 엄마도 미안했는지, 삼촌들에게는 살을 발라내지 말고 그냥 삶은 채로 나눠주자 하신다.

이튿날 오후, 다슬기를 삶아 식탁 위에 두고 샤워를 하고 나오니 다슬기가 그 자리에 없다. 할아버지께서 또 돋보기를 쓰고 살을 발라내고 계셨다.

"할아버지, 이거 이대로 삼촌들 준다고 엄마가 그냥 놔두라 했어요."

"내가 까주면 너희 삼촌들이 편하지. 어차피 할 일도 없다."

덤덤한 말에서 느껴지는 할아버지의 사랑. 어쩔 수 없이 할아버지 옆에 앉아 또 바늘을 들었다.

다슬기 장조림

다슬기, 간장, 소주, 설탕, 마늘, 청양고추

◦ 다슬기는 깨끗이 씻어 데치듯이 삶는다.

* 할머니는 거품이 푸르르 올라오면 불을 끄고 1분 정도 뒀다가 꺼내라고 하셨어요.

◦ 냄비에 다슬기와 물, 간장, 소주, 마늘, 청양고추를 넣고 조린다.

복숭아 병조림

높은 햇살이 느티나무 잎 사이로 자잘하게 쪼개지는 7월 중순. 논은 형광이 감도는 연초록이다. 눈이 시릴 정도로 밝은 초록, 여름 바람이 벼를 가르며 지나가면 논 전체가 물결치듯 일렁인다.

가만히 논을 바라보고 있자니 돌아가신 아빠 생각이 난다. 아빠는 외할아버지의 오토바이에 나와 동생들을 태우고 시골 구석구석을 구경시켜주시곤 했다. 여름날 소나기가 쏟아진 뒤 논 위에 커다란 무지개가 뜨면 아빠는 오토바이 뒤에 꼭 나를 태웠다. 아빠 허리를 꽉 붙잡고 바람을 맞으며 푸르른 논 사이를 달리면 세상 부러울 게 없었다. 호기심 많은 어린 딸을 위해, 아빠는 잡히지도 않을 무지개를 향해 한참을 달렸다.

어릴 적, 여름밤이면 집 옥상에 놓인 평상에 누워 아빠 엄마와 별을 구경하곤 했다. 별들이 그대로 내게 쏟아져 내릴 것만 같던 그 밤. 어쩔 때는 별로 가득한 드넓은 하늘에 압도되어 무섭기도 했다. 그럴 때 크고 두꺼운 아빠 손을 꼭 잡으면, 거짓말처럼 두려움이 사라졌다.

아빠와 별을 보면서 상상 속 별자리를 만들기도 했다. 아빠 발가락 자리, 고양이 자리, 엄마 손 자리, 구름 자리……. 가끔 별똥별이 떨어지기도 했는데 소원을 빌어야 한다는 아빠 말에 고사리 손을 모으고 말도 안 되는 소원을 빌었었다. 한창 이야기꽃을 피우고 있으면 엄마가 수박을 쟁반에 담아 들고 올라왔다. 별이 쏟아지는 하늘, 선선한 바람, 엄마가 썰어 온 수박과 아빠의 별 이야기……. 부족할 것 하나 없는 여름밤이다.

가끔은 수박 대신 복숭아 통조림이 올라오기도 했다. 냉장고에 넣어 차게 해둔 복숭아 통조림은 시원하고 달콤했다. 캔 오프너를 이용해야 딸 수 있었기에 아빠가 있을 때만 먹을 수 있는 음식이기도 했다. 한밤에 통조림이 먹고 싶다며 아빠를 조른 적도 있다.

늦은 밤 아빠 손을 잡고 문 연 슈퍼마켓을 찾느라 한참을 돌아다니기도 했다. 그 시절 어린 나는 어쩌면 별 구경보다 복숭아 통조림이 더 좋았는지도 모르겠다.

달콤한 복숭아를 먹으며 예쁜 걸로만 골라 병조림을 만들었다. 과육을 잘라 설탕과 물, 레몬즙으로 간단하게 만든 시럽을 붓고 단맛이 스밀 때까지 냉장고에 넣어두면 된다.

별이 유독 많이 보이는 밤, 냉장고에 넣어둔 복숭아 병조림을 꺼내어 혼자 별 구경을 했다. 아빠는 곁에 없지만, 어릴 적 함께 보던 별자리는 그날 모습 그대로였다. 마음속으로 아빠에게 하고 싶은 말을 건네며 복숭아를 한 입 베어 문다. 아빠를 멀리 떠나보내고 멍든 마음이 가실 리는 없지만, 별을 한참 바라보다 보니 아빠와 닿은 듯해 조금은 위로가 됐다. 달콤함이 마음을 조심스레 어루만진다.

복숭아 병조림

복숭아, 레몬, 설탕, 물

- 복숭아는 깨끗이 씻어서 껍질을 벗긴다.
- 설탕과 물을 1:2 비율로 넣고 팔팔 끓인 다음 레몬즙을 조금 넣는다.
- 복숭아를 담은 병에 시럽을 뜨거운 상태로 부어 1~2일 정도 냉장고에서 숙성시킨다.

* 코코넛 젤리를 좋아하면 나타드코코를 사서 병에 같이 담으면 좋아요.

할머니를 응원하는

한 그릇

토마토 스파게티

한여름 땡볕이 작물을 무럭무럭 키운다. 여름이 제철인 채소는 햇빛을 양분 삼아 무서울 정도로 빠르게 자라고 열매를 맺는다. 그중에서도 토마토는 작열하는 햇살을 그대로 받아들인 듯 붉은색을 띤다. 과습에 약한 토마토는 햇빛이 쨍쨍한 곳에서 더 잘 자란다.

새빨갛게 익어 터질 듯 부풀어 오른 토마토를 따다가 한 입 베어 물면 과일과 채소의 경계에 있는 상큼함과 풋내가 순식간에 입과 코를 점령한다. 갓 딴 토마토는 껍질이 단단하고 과육 사이사이에 과즙이 꽉 차 있다.

토실토실 빨갛게 잘 익은 토마토를 보면 절로 외할머니가 떠오르고 '토마토소스 만들어야지' 하는 생각이 든다. 그건 서양 국시 '짜파게트' 때문인데, 짜파게트는 스파게티의 우리 할머니 식 발음이다. 흔히 나이 많은 어르신들은 이런 음식을 싫어할 거라 지레짐작하지만 그렇지가 않다. 피자도 햄버거도 잘 모르셔서 그렇지 드셔보시면 대체로 좋아하신다. 할머니는 입맛이 없을 때도 토마토 짜파게트는 곧잘 드신다.

할머니가 입원을 하셨다. 무릎 인공관절 수술을 위해서다. 몇 년을 고민하다가 용기를 내 드디어 결단을 내리셨다. 외갓집 동네가 시골이다 보니 엄마가 사는 진주 병원에 가셨는데, 양쪽 다리 다 수술을 받는 터라 근 한 달을 꼼짝없이 병원에 계셔야 했다. 간병할 사람이 나와 여동생뿐이라 나도 병원이 있는 본가로 내려갔다.

병원 밥은 양념이 거의 되지 않아 간이 밍밍하다. 그런 밥에 물리셨는지 할머니는 평소 드시던 반찬을 그리워하셨다. 그런데 막상 반찬을 해다 드리면 많이 드시지를 못했다.

"할머니, 왜 이것밖에 못 드세요. 약 드시려면 더 잡숴야 하는데."

"아이고, 맛이 없어……. 더 못 먹겠어."

"물 말아서 조금만 더 먹어요, 할머니. 응?"

할머니를 열심히 어르고 달래서 한술 더 뜨시게 했다. 병원 밥은 입에 안 맞지, 재활 과정은 고통스럽지, 혼자 두고 온 영감은 걱정되지……. 여러모로 마음이 복잡하셨는지 할머니는 그날 결국 눈물을 보이셨다.

집으로 돌아가는 길, 마음이 영 안 좋았다. 어떻게 해야 할머니가 조금이나마 기운을 차리실까. 뭘 좀 잘 드셔야 몸도 마음도 건강을 잃지 않으실 텐데. 그래, 입맛이 없을 때는 후루룩 새콤한 토마토 스파게티가 제격이지. 집으로 가던 걸음을 돌려 마트로 향했다.

토마토소스는 새빨갛게 잘 익은 토마토로 만든다. 혹시 토마토에 초록이 비치면 완전히 푹 익을 때까지 기다려야 한다. 만드는 방법은 생각보다 간단하다. 빨간 토마토를 잘라 우선 오븐에 구워낸다. 토마토를 구우면 시원한 맛은 사라지지만 특유의 감칠맛이 더 좋아진다. 오븐에 구워 맛을 낸 토마토를 향신료와 함께 뭉근히 끓이면 시판 소스보다 더 깊은 맛이 나는 수제 토마토소스가 완성된다. 할머니가 잘 드시길 바라면서 냄비 한 가득, 죽을 끓이듯 계속 저어가며 오랫동안 끓였다.

면은 병원에 가기 전에 삶아서 따로 준비했다. 할머니가 부담 없이 드실 수 있도록 스파게티를 부드럽게 푹 삶았다. 소스와 함께 챙겨서 점심시간에 맞춰 병원을 찾았다. 할머니 입맛에 맞도록 최대한 신경 써서 만들고 준비했지만, 이것마저 안 드시면 어쩌나

하는 걱정이 스멀스멀 올라왔다. 땡볕 아래, 지글거리는 길을 걸으면서 내 마음도 조마조마 타들어갔다.

오늘도 입맛이 없다며 식사를 물리려던 할머니가 짜파게트라고 하니 다행히 조금만 먹어보겠다고 하신다. 며칠째 제대로 드시지 못했던 할머니가 한 그릇을 후루룩 뚝딱 비워내셨다. 점심을 든든하게 드시고 기운이 났는지 그날은 운동도 많이 하셨다. 잘 드시고 힘을 내시는 걸 보니 뿌듯하면서도 괜스레 눈물이 났다.

유난히 덥던 여름날, 할머니는 당신 인생에서 손꼽히는 큰 도전을 누구보다 뜨겁게 이겨내셨다.

토마토소스

잘 익은 토마토, 마늘, 허브, 소금, 설탕, 후추

- 잘 익은 토마토를 4등분 한 후, 마늘, 허브 등과 함께 오븐(180도 30분)에 굽는다.

  * 팬에 약한 불로 구워도 좋아요.

- 익힌 재료를 냄비에 넣고 으깨가며 뭉근히 끓인다.
- 처음 양의 2/3 정도로 줄고 걸쭉해지면 소금, 설탕, 후추로 간한다.

호박잎쌈

계절마다 반드시 먹어줘야 할 것만 같은 음식이 있다. 여름에는 단연 짜박된장을 곁들인 호박잎쌈이다. 여름방학, 외할머니가 차려주신 밥상에는 호박잎쌈이 자주 올라왔다. 자작하게 끓인 강된장을 할머니는 '짜박된장'이라고 불렀다. 호박잎에 밥 한 숟가락 얹고 짜박된장을 한가득 올려 싸서 배불리 먹고 나면, 저녁놀이 질 때까지 지치지도 않고 놀 수 있었다.

도시에서 혼자 자취를 할 때도, 마음이 지칠 때면 꼭 호박잎쌈

을 먹었다. 마트에서 호박잎을 사다가 찌고 짜박된장을 끓여서 싸 먹고 나면 거짓말처럼 다시 일어설 힘이 생겼다. 그 때문에 텃밭을 일구고 제일 먼저 심은 것도 잎이 부드러운 조선호박이었다.

하지만 나의 허술한 텃밭에서는 다른 작물뿐 아니라, 호박도 제대로 자라지 못했다. 쌈을 싸먹기는커녕 잎이 손바닥보다도 훨씬 작았다. 오히려 화분에 심었을 때보다도 생장이 느렸다. 텃밭을 가꾸면서도 호박잎을 사 먹어야 하다니, 한심함에 웃음이 폭 나온다.

냉장고를 열어보니 먹을 것이 마땅치 않다. 깔깔하니 입맛도 없다. 혼자 먹을 밥 한 끼를 차리는 것이 쉽지가 않다. 남편과 함께 저녁으로 먹고 남은 음식으로 이튿날 점심을 때우기 일쑤. 남은 것이 없으면 밑반찬을 꺼내 대충 먹거나 그마저도 귀찮으면 라면을 끓여 먹거나 시리얼로 허기만 달랠 때도 많다. 가족이나 친구들을 위해 차리는 밥상은 아무리 손이 많이 가도 괜찮은데, 혼자 먹을 밥을 차리는 건 왜 이리 번거로운지. 나를 잘 챙겨야지, 나를 잘 대접해야지 마음먹어놓고도 어느 순간 돌아보면 도돌이표다.

다른 음식은 생각이 안 났다. 호박잎쌈이 먹고 싶은데, 그러려면 읍내에 나가야 한다. 그래, 귀찮아도 가자. 신기하게도 집을 나서자마자 호박잎쌈을 먹을 수 있다는 생각에 기분이 한결 나아졌다. 읍내 마트에는 막바지 여름 제철 재료가 가득했다. 호박잎과 제철 채소를 장바구니에 담고 보니 어라, 죄다 텃밭에 심어놓은 것들이다.

기분이 롤러코스터를 탄 것처럼 다시 툭 내려앉으려는데, 문득 할머니와 엄마가 해주신 말씀이 생각났다. 한여름보다 선선해질 때 먹는 호박잎이 더 맛있다고, 땡볕에서 자란 호박잎보다 뒤늦게 돋아난 호박잎이 더 부드럽다고. 머릿속에 떠오른 그 말 덕분에 우르르 끓어올랐던 자책이 차분하게 가라앉았다. 그래, 처음 가꿔 보는 텃밭이니까 어설플 수도 있지. 제대로 못 기르면 이렇게 사 먹으면 되지. 다음에 더 잘하면 되지. 조금 느려도 괜찮지.

마트에서 사 온 여름들을 찌고 조리고 끓였다. 어쩐지 콧노래가 나온다. 호박잎을 쪄서 한 장씩 펼치는 번거로운 일조차 마냥 즐겁다. 오직 나만을 위해 정성스레 요리를 하자니 어쩐지 두근두근 설렌다. 내친 김에 좋아하는 그릇들을 꺼내 상을 차렸다. 호박잎 쌈은 한입 가득인데도 부드러워 금세 사르르 녹아 없어진다. 구운 가지도 한 입, 조린 꽈리고추도 한 입. 마무리로 쌈장에 푹 찍은 오이고추까지.

여름을 잘 보내는 방법으로 내게 이보다 좋은 건 없다. 호캉스도, 휴양지 여행도, 시원한 계곡 수영도 이만은 못 하다. 푸짐하게 여민 복주머니를 입에 가득 넣고 행복을 양껏 소화시킨다.

여름의 막바지, 아직도 짝을 찾지 못한 매미가 시끄럽게 울어댔

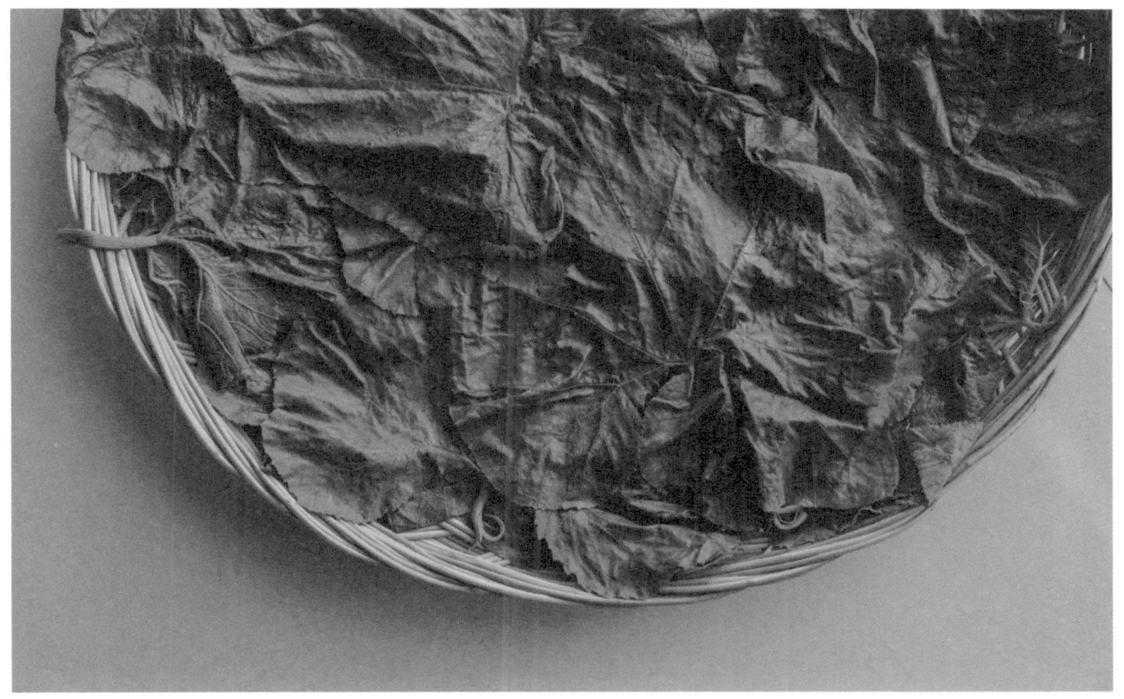

summer

다. 풀벌레도 앞다퉈 요란하게 운다. 소란스러운 바깥 풍경과 달리 내 마음은 평온했다. 정성스레 준비한 한 끼 덕이다.

호박잎쌈

- 호박잎은 섬유질을 한 겹 벗겨내고, 억센 잎은 살살 비벼 부드럽게 만든다.
- 센 불에 10분 정도 찐 다음, 뒤집어서 2분 정도 더 찐다.

  * 젓가락으로 찔렀을 때 푹 잘 들어가면 다 된 거예요.

짜박된장

멸치 맛국물, 된장, 호박잎 줄기, 양파, 대파, 다진 마늘

- 호박잎 줄기, 양파, 대파를 듬뿍 썰어 냄비에 넣는다.

  * 매운맛을 좋아하면 고추도 쫑쫑 썰어 넣으세요.

- 멸치 맛국물을 재료가 잠길 정도로만 붓고, 된장을 푼다.
- 다진 마늘을 넣고 국물이 자작해질 때까지 뭉근하게 끓여낸다.

지루한 여름날에

빨간 악센트를

방울토마토 마리네이드

여름의 일과는 마당 잔디에 물을 주는 것으로 시작된다. 해가 높이 떠서 더 뜨거워지기 전에 물을 줘야 잔디가 바짝 마르지 않는데, 생각보다 시간이 꽤 걸린다. 꾀꼬리와 청딱따구리가 우는 소리를 들으며 나무, 텃밭, 화초에도 물을 주고 잡초를 뽑으면 아침나절이 훌쩍 지나간다. 저녁 무렵에도 한낮 더위에 시달린 잔디에 다시 한번 물을 주는데 가만히 서서 물만 뿌리는데도 땀이 송골송골 맺힌다.

매일 똑같은 일상이 반복되는 듯해도 계절은 끊임없이 변한다. 어린 제비들은 다시 남쪽으로 떠나려고 비행 연습을 하고, 고추잠자리도 간간이 눈에 보인다. 언제부턴가 잔디에 물을 주면 작은 곤충이 통통 튄다. 살충제를 치지 않은 우리 집 잔디밭에는 메뚜기며 여치, 방아깨비 같은 곤충 친구들이 가득하다. 한여름에는 아직 어려서 제대로 뛰지 못하던 곤충들이 물이 닿자마자 폴짝 뛰어오르는 것을 보니 가을이 머지않았나 보다. 괜스레 잔디에 물을 주는 손길도, 내딛는 발걸음도 조심스러워진다.

곤충들도 하루가 다르게 자라나거늘 내 텃밭은 아직도 봄의 모습과 별반 다르지 않다. 곤충도, 벌레도, 잡초도 많은 나의 작은 텃밭에서 그나마 잘 자라준 것이 방울토마토다. 그래봐야 크기도 작고 개수도 적지만, 초보 농부에겐 이마저 감지덕지다. 적어서 오히려 더 소중하다. 매달린 채로 붉어진 열매를 하나씩 톡톡 따 먹는 재미가 좋았다. 마트에서 파는 것보다 작고 볼품없는데도 더 탱글탱글하고 맛있다.

얼마 없는 방울토마토를 밭에서 따 모으고, 읍내에서 사 온 것까지 더해서 발사믹식초와 설탕에 재웠다. 텃밭에서 딴 바질도 얹어서 냉장고에 넣어두고는 입이 궁금하고 텁텁할 때 하나씩 쏙쏙 꺼내 먹었다. 시원하고 상큼하다. 달리 손을 더 보탤 필요가 없어서 간편하기까지 하니 일석이조다. 방울토마토 마리네이드를 먹

summer

으면 입안에서 늦여름 밤, 시원한 바람이 부는 것 같다.

잔디에 물을 주고, 잡초를 뽑고, 축축하게 땀이 나고 지치면 또 다시 방울토마토 한 입. 쳇바퀴 돌 듯 반복되는 여름날, 방울토마토가 선사하는 악센트로 지루함을 이겨낸다.

방울토마토 마리네이드

방울토마토, 발사믹식초, 설탕, 양파, 바질

- 방울토마토는 칼집을 낸 후 끓는 물에 살짝 데쳐서 껍질을 벗긴다.
- 소독한 병에 껍질 벗긴 토마토, 잘게 자른 양파와 바질을 넣는다.
- 설탕과 발사믹식초를 넣고 살살 저어준다.
- 냉장고에서 이틀 정도 숙성 후 먹는다.

올여름의

열무김치 비빔밥

마지막 열무김치

여름 내내 열무가 들어간 물김치를 줄기차게 먹었다. 외할머니를 귀찮게 하며 배워둔 물김치는 무더운 여름날 식탁 위의 좋은 친구가 되어준다. 국 대신 떠먹고, 국물에 국수를 말아 먹고, 열무 건더기로 비빔국수도 해 먹는다. 달걀 프라이와 열무김치, 고추장, 참기름을 넣고 쓱쓱 비벼 먹기도 하고, 된장찌개를 끓여서 비벼 먹기도 한다.

냉장고를 열어보니 딱 한 번 비벼 먹을 만큼의 물김치가 남았다. 올여름의 마지막 물김치다. 물김치를 보면서 남편에게 묻는다.

"열무김치 비빔밥 어때?"

"오! 맛있겠다. 달걀 프라이도 넣자."

주방 선반에서 푼주를 꺼냈다. 밥을 담고, 남은 열무김치 건더기를 모두 넣고, 반숙으로 구운 달걀 프라이, 텃밭에서 수확한 작은 상추도 뜯어 넣었다. 외할머니표 꿀고추장까지 넣고 고소한 참기름을 휘리릭 두르니 부족함 없는 한 끼가 완성되었다.

커다란 숟가락으로 노른자부터 톡 깨서 시원스레 비비니 고소한 참기름 냄새와 먹음직한 모양새에 군침이 돈다. 고소하고 짭짤하고 매콤하면서 시원한 맛이 나는 열무김치 비빔밥 하나면 반찬도 따로 필요 없다. 한입 가득 밥을 욱여넣고 서로를 바라보며 맛있다고 호들갑을 떨었다. 마지막 남은 여름 조각을 소담히 얹어 만든 비빔밥을 먹으며 뜨거웠던 여름을 떠나보낸다.

이제는 창밖으로 보이는 하늘이 꽤 높다. 저 멀리 새털구름도 보인다. 얼마 전까지만 해도 손에 닿을 듯 가까이 떠 있던 구름이 아득히 멀어졌다. 아침저녁으로 불어오는 바람에는 가을 한 줄기가 섞여 있다. 열대야의 밤 유난히 크게 들리던 개구리 울음소리가 희미해지고 풀벌레 소리가 짙어졌다. 조금씩 계절이 깊어지고 있다.

열무 물김치

열무, 감자, 양파, 부추, 청양고추, 천일염, 마늘, 매실액, 설탕

- 감자는 삶은 후, 양파와 함께 믹서에 물을 넣고 간다.
- 열무는 부드러운 것을 골라 먹기 좋게 썬다.
- 물에 천일염을 녹여 열무를 1시간 정도 절인다.
- 절인 열무를 꺼내고 갈아놓은 감자와 나머지 재료를 먹기 좋게 썰어 넣는다.
- 생수를 부어 물 양을 맞추고, 소주를 한 잔 넣는다.
- 열무를 절인 소금물, 매실액, 설탕으로 간을 한다.

가을

열매가 없어도 저마다의 속도로 물들어간다

들깨꽃송이 튀김

한낮에는 여전히 늦더위가 기승을 부리지만, 처서도 지나고 나니 해가 지면 꽤 선선하다. 저녁에 창문을 열어두면 기분 좋은 가을바람이 살랑살랑 불어온다. 꽃과 열매도 계절에 맞춰 차례로 지고 피어난다. 여름내 동네 담벼락을 물들였던 능소화가 뚝뚝 떨어지고, 코스모스 같은 가을꽃이 길가를 수놓는다. 가을이 제철인 작물들은 막바지 열매 키우기에 여념이 없다.

외할아버지 밭에도 가을이 도착했다. 녹색 깻잎 위에 새끼손톱

보다 작은 꽃이 올망졸망 피어났다. 들깨 밭은 하얀 꽃이 어지럽게 떨어져서 마치 눈이 내린 듯했고, 꿀을 모으느라 이리저리 날아다니는 벌떼 소리로 요란하다.

들깨꽃송이는 가을을 실감할 수 있는 가을 첫 식재료다. 햇 들깨를 맛보려면 꽃이 모두 지고 계절이 한참 더 깊어져야 한다. 어서 그 맛을 누리고 싶은 마음을 애써 누르며 미리 고소함을 조금 맛보는 셈이다. 들깨를 수확해야 하니까 욕심 부리지 않고, 가을맞이로 조금만.

싱싱한 것보다는 줄기가 상하거나 잎이 약한 들깨 나무에서 꽃송이를 골라 땄다. 꽃송이를 딸 때마다 알싸한 깻잎 향이 번져서 기분까지 상쾌해진다. 어느새 왼손에 예쁜 들깨꽃다발이 들려 있다. 작은 꽃망울을 살펴보니 아직은 어린 하얀 들깨가 주머니 속에 몸을 웅크리고 있다.

열이 올라 연기가 피어오르는 기름에 튀김옷 입힌 들깨꽃을 조심스레 넣었다. 기름과 반죽이 만들어내는 폭포 소리가 귀를 간지럽힌다. 반투명한 튀김옷 너머로 보이는 초록 꽃송이. 곁에 달린 어린 깻잎을 떼어내지 않고 함께 튀겨내니 더 예쁘다.

갓 튀겨 따끈한 튀김이 바사삭 소리를 내며 입안에서 무너진다. 고소한 기름 향이 지나가자 곧 다른 종류의 고소한 향이 난다. 자기주장이 강하진 않지만 기름의 강렬한 맛과 향에 지지 않고 은근하게 퍼지는, 들깨꽃 특유의 연하고 고소한 맛이다. 오직 이때만 맛볼 수 있는 고소함을 한 입, 한 입 소중하게 음미했다…….

가을의 문턱, 개구리와 매미가 채우던 밤의 공간을 풀벌레 울음소리가 대신한다. 도시에서는 깊은 밤에도 사그라지지 않는 빛과 소음으로 자주 잠을 설쳤는데, 이곳에서는 아침까지 깨지 않고 푹 잔다. 여름밤 짝을 찾는 개골개골 개구리 소리와 가을밤 자신의 존재를 알리는 찌르르 풀벌레 소리. 내겐 이만한 자장가가 없다. 시골의 깊은 어두움에 선선한 가을바람의 토닥임까지 더해지니 나도 모르게 스르르 잠이 든다.

계절의 흐름과 함께 오가는 것들은 강렬하지 않지만 내 얼굴에 조용한 미소를 드리운다. 올가을에도 들깨꽃처럼 연하지만 분명한 고소함이 있는 행복을 차근차근 수집하고 싶다.

들깨꽃송이 튀김

들깨꽃송이, 찹쌀가루, 튀김가루

- 깨끗이 씻은 들깨꽃을 채반에 밭쳐 물기를 제거한다.
- 꽃송이에 찹쌀가루를 골고루 묻힌다.
- 찹쌀가루, 튀김가루를 얼음물에 섞는다. 농도는 주르륵 흘러내릴 정도로 묽게 한다.
- 180도로 예열한 기름에서 튀김옷이 익을 정도로만 짧게 튀긴다.

고추 다지미 파스타

9월의 밭에는 고추의 일생이 있다. 꽃부터 갓 맺은 열매, 늙어 떨어진 열매까지 모두 한자리에서 볼 수 있다. 고추꽃은 단아하고 어여쁘다. 하얀 꽃이 툭 지면 그 아래 땅에 별 하나가 뜬다. 별이 쏟아져 내린 자리에는 작은 녹두알 같은 어린 고추가 맺혀 있다. 또 다른 가지에는 여름색을 자랑하는 싱그러운 초록 고추와 빨갛게 농익은 고추가 함께 달려 있다. 그리고 가지 아래 말라비틀어진 늙은 고추도 보인다. 고추의 일생을 통해 여름에서 가을로 넘

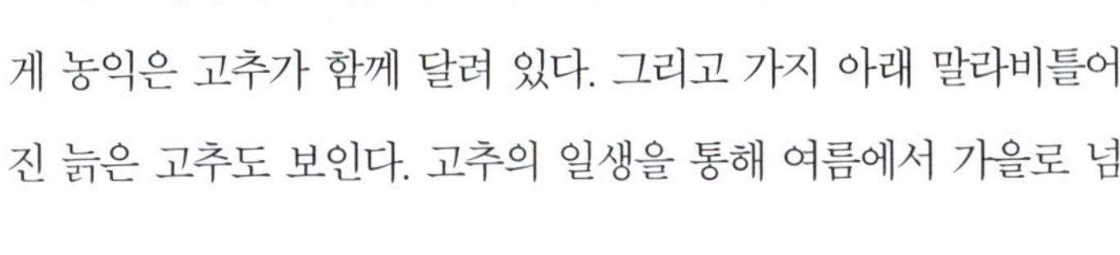

autumn

어가는 환절기 그러데이션을 눈으로 확인한다.

여름 땡볕 아래 단단하게 자란 고추와 달리 가을 고추는 풋내가 줄고 더 깊고 진한 맛이 난다. 고추의 맛이 깊어지면 자연스레 밥도둑인 고추 다지미가 생각난다. 고추장물 혹은 고추 다대기라고도 불리는 경상도 향토음식인데, 멸치와 고추를 졸여낸 일종의 양념장이다. 외할머니와 엄마는 '고추 다짐'이나 '고추 다지미'라고 부르셨다. 예전에 엄마는 회사에서 내게 전화를 걸어 고추를 다져두라 하시곤 했다.

"저녁에 고추 다지미 해줄 테니, 엄마 퇴근하기 전에 멸치랑 땡초 좀 다져놔줄래?"

믹서를 사용하면 죽처럼 되는 데다 맛도 깔끔하지 않으니 힘들어도 꼭 칼로 다지라고 덧붙이셨다. 칼로 고추를 한참 다지다 보면 고추의 매운 기 때문에 손까지 화끈해지는데, 엄마표 고추 다지미를 먹겠다는 일념으로 열심히도 다졌더랬다. 그 손으로 무심코 눈을 비볐다가 혼이 난 적도 많다.

다진 멸치에서 나온 감칠맛, 고추의 향과 매운맛이 어우러진 고추 다지미는 입맛 돋우는 데 제격이다. 밥에 한 숟갈 턱 얹어 아무것도 보태지 않고 쓱쓱 비벼 먹어도 맛있다. 호박잎쌈에 된장 대신 얹어도 일품이다.

올가을에는 내가 키운 고추를 따다가 직접 고추 다지미를 만들었다. 쓰름매미의 요란한 울음소리를 노동요 삼아 멸치를 손질하고, 고추를 다졌다. 한참이 지나 손이 화끈거리기 시작하고 나서야 엄마 심부름으로 고추를 다지던 그때처럼 장갑을 끼지 않았다는 걸 알았다. 성질 급한 이는 손으로도 매운맛을 본다.

달군 팬에 참기름을 두르고 멸치를 볶아 향을 낸 다음 물을 부어서 끓였다. 고추와 다진 마늘을 넣어 볶고 액젓으로 간을 한다. 고추 다지미를 만드는 내내 부엌에 고추의 풋내와 매운 내가 진동한다. 숟가락으로 살짝 떠서 맛을 보니 당장이라도 밥을 비벼 먹고 싶어지는 맛이다.

'여기에 파스타를 넣어보면 어떨까?' 파스타 재료로 흔히 쓰이는 안초비와 페페론치노를 고추 다지미에 들어간 멸치와 고추가 대신할 수 있지 않을까? 어쩐지 느낌이 좋았다. 면을 삶고, 다른 팬에 다진 마늘을 볶아 향을 내고 고추 다지미를 넣었다. 면수를 조금 넣어 소스를 만든 다음 면과 섞어주고, 참나물과 치즈를 뿌려 마무리했다.

참나물을 듬뿍 넣었더니 한껏 싱그럽다. 참나물을 포크로 콕 찍은 다음 면을 돌돌 말아 입에 넣는다. 고추 다지미의 매콤한 감칠맛이 먼저 왔다가 참나물의 산뜻함이 뒤를 잇는다. 아삭아삭 씹히는 식감도 좋다. 후루룩 정신없이 먹다 보니 어느새 그릇이 바닥을 보였다.

고추 다지미 파스타 한 그릇이 꼭 고추밭을 닮았다. 싱그러운 녹색과 깊은 색감이 모두 담긴 환절기 한 그릇. 봄처럼 여리지도 않고 그렇다고 여름처럼 불타오르지도 않는 딱 가을 햇살만큼 매운 맛이었다. 풋내가 사라진 고추처럼 앞산 풍경도 푸르름이 한풀 꺾였다. 진해진 고추의 맛과 함께 계절의 색도 짙어진다.

고추 다지미

청양고추, 풋고추, 멸치, 참기름, 물, 다진 마늘, 조선간장(멸치액젓)

- 멸치는 대가리와 내장을 제거하고 잘게 다진다.
- 깨끗이 씻은 고추는 씨를 제거하고 잘게 다진다.
- 팬에 참기름을 두르고 다진 멸치를 넣어 볶는다.
- 물을 붓고 파르르 끓으면 다진 고추와 다진 마늘을 넣고 조선간장으로 간한다.
- 국물이 자작해질 때까지 졸인다.

참나물 고추 다지미 파스타

스파게티 면, 고추 다지미, 참나물, 마늘, 버터, 치즈

- 끓는 물에 스파게티 면을 삶는다.
- 팬에 버터를 두르고 마늘을 넣어 향을 낸 다음 고추 다지미를 넣어 살짝 볶는다.
- 삶은 면을 팬에 넣어 잘 섞어주고, 면수나 맛국물 한 국자를 넣는다.
- 싱거우면 고추 다지미나 소금을 더 넣어 간을 맞춘다.
- 불을 끄고 참나물 잎, 송송 썬 참나물 줄기, 치즈를 뿌려 마무리한다. 좀 더 크리미한 소스를 원하면 버터를 한 조각 넣고 섞어준다.

적막한 산에

밤잼

밤송이 떨어지는 소리만

외갓집 작은 방, 할아버지의 책상 위에는 삼십 년이 넘은 오래된 수첩이 있다. 농사 일지인데, 그 오랜 세월 동안 언제 무엇을 심었는지, 수확량은 어땠는지 꼼꼼히 기록되어 있다. 할아버지는 수첩에 적힌 내용을 토대로 다음 해 농사 계획을 세우신다고 했다. 고추가 '고초'라고 적혀 있기도 한, 그렇게 틀린 글자마저도 매력적인 오랜 기록물이 내게는 보물처럼 느껴진다.

한 장씩 넘기며 수첩을 구경하다가 내가 태어난 해에도 밤 수확을 했다는 기록을 봤다. 이렇게 오래전부터 밤농사를 지으셨구나……. 심지어 가족들이 몇 포대씩 주웠는지, 수입이 얼마인지 자로 선을 그어 표까지 만들어놓으셨다.

밤농사는 외갓집의 주된 수입원이었다. 가을이 되면 밤을 수확하기 위해 온 가족이 출동했다. 늦여름부터 10월, 밤농사가 끝날 때까지 휴일이면 아침부터 종일 밤을 주웠다. 엄마와 외삼촌은 평일에도 휴가를 내 할아버지와 함께 밤을 주울 정도였다. 그러다 보니 우리 가족의 모든 가을 추억은 밤 산에 있다.

할아버지의 밤나무는 과실수로 치면 고목이다. 그래서인지 등이 굽은 것처럼 휘어진 나무도 많고 껍질도 거칠다. 커다란 밑동에는 곰팡이 같은 허연 지의류가 다닥다닥 붙어 있다. 일손이 부족할 정도였던 수확량도 세월이 갈수록 점점 줄어들었다. 할아버지를 따라 나무들도 나이 든 것이다.

결국 몇 년 전, 큰외삼촌의 주도로 밤나무를 일부 베어내고 고사리 종근을 심었다. 가족들은 구순 넘은 할아버지가 고되고 위험한 일을 그만하게 됐으니 다행이라 생각했다. 밤나무를 베어낸 해 가을, 가족들은 처음으로 여유를 즐길 수 있었다. 주말에 어딘가로 놀러도 가고 가만히 앉아 무르익은 가을 풍경을 감상하니 신선놀음이 따로 없었다. 허리 숙여가며 밤을 줍지 않아도 되니 몸도 편안했다. 그런데 할아버지 마음은 우리 생각과 전혀 달랐던 모양이다. 밤나무를 베어내고 생긴 시간 여유가 할아버지에게는 허전함이 되었다.

할아버지는 당신에게 밤나무 산은 단순한 일터가 아니라 생활터이자 친구라고 하셨었다. 정말 그랬다. 할아버지는 일이 없어도 산책 삼아 밤 산에 오르셨다. 마음이 답답할 때도 밤 산 중턱에 있는 원두막에서 인스턴트커피를 드시곤 했다. 그곳에서 내려다보는 풍경이 할아버지에게는 더할 나위 없는 위안이었다. 사랑하는 아들딸들이 결혼해 식구가 늘고, 고사리손으로 밤을 줍던 손주들이 장성하는 오랜 시간 동안 밤 산은 할아버지 곁에서 모든 것을 지켜봤다.

본격적인 밤농사를 그만둔 이후에도 할아버지는 밤을 주우러 밤 산에 오르셨다. 긴 세월 해온 일의 부재를, 뻥 뚫려버린 가을의 공백을 채우기 위해서. 오랜 벗 만나러 가기, 그것이 할아버지가 아는 유일한 가을 보내는 법이었다. 엄마는 홀로 산을 오르는 할아버지가 안쓰러워 가을의 여유를 반납하고 할아버지와 산을 오르기도 했다.

어느 날인가는 나도 엄마를 따라 할아버지와 밤을 주우러 갔다. 밤 산 여기저기에서 툭- 툭- 밤송이 떨어지는 소리가 들렸다. 그 소리가 멈추면 적막이 흘렀다. 간간히 새소리, 걸음을 옮길 때마다 바스락거리는 낙엽 소리가 날 뿐. 이 산이 이렇게 조용했었나. 온

가족이 모여 밤을 주울 때는 산이 다 꽉 찬 느낌이었는데……. 할아버지의 허전한 마음을 조금은 알 것 같았다.

할머니가 싸주신 도시락으로 원두막에서 점심을 먹고 나서 할아버지께 넌지시 여쭸다. 할아버지에게 밤 산은 어떤 의미냐고. 돈이 나오는 곳이니 좋다며 껄껄 웃으시다 할아버지는 천천히 진심을 털어놓으셨다. 몇십 년을 함께했기에 자꾸만 미련이 남는다고. 아쉬운 마음에 밤 산에 올랐지만 숨이 차고 다리가 아파 이제는 이 산을 찾는 것조차 힘든 일이 되었다고.

"……밤도 다됐고, 사람도 다됐고……. 세월이 인자 그만하라 안카나."

당신 마음은 그렇지 않은데, 세월이 이제 그만 밤 산에 대한 미련을 버리라고 한다……. 그 말씀을 하며 눈물을 글썽이는 할아버지를 보며 엄마도 나도 뒤돌아 눈물을 삼켰다. 지게를 지고 걷는 할아버지의 뒷모습이 그렇게 작게 느껴진 적은 처음이다.

그날, 할아버지는 오래된 수첩에 밤 수확량을 기록하셨다. 마치 밤농사가 끝나지 않은 것처럼. 내년에도 내후년에도 계속될 것처럼…….

집으로 돌아와 할아버지와 함께 주운 밤으로 잼을 만들었다. 허전한 마음이 가시지 않아 단맛으로라도 속을 채워야겠다 싶었다.

바닥이 두꺼운 냄비에 으깬 밤과 물, 설탕을 넣고, 타지 않도록 저으며 졸이는 내내 할아버지 생각이 떠나지 않았다. 조용히 혼자 만든 밤잼은 달고 촉촉했지만, 어쩐지 나 역시 쓸쓸해져 휑한 마음이 달래지지 않았다.

밤잼

밤, 설탕(밤 무게의 절반), 물

◦ 밤을 삶아서 믹서에 물과 함께 넣고 곱게 간다.
◦ 냄비에 곱게 간 밤을 넣고 설탕을 넣어 약한 불로 끓인다.
◦ 주걱으로 저어가며 잼 형태가 될 때까지 졸인다.
◦ 처음 양의 2/3 이상 줄어들면 완성이다.

* 우유나 생크림을 넣으면 더 부드러운 잼을 만들 수 있어요.

사과 구이

낮과 밤의 길이가 같다는 추분. 여름내 부지런을 떨던 낮이 밤에게 자리를 양보하기 시작한다. 열두 달의 절반을 훌쩍 넘겨 태양이 추분점을 지나면 어쩐지 마음이 조급해진다. 한 해를 보내기 전에 뭐 하나라도 이뤄야 할 텐데…….

하늘은 얄미울 정도로 청명하다. 탁 트인 풍경을 여유롭게 즐기고 싶지만 해야 할 일이 많다. 여느 날처럼 집안일을 하고, 요리를 하고, 글을 쓴다. 계절은 차례차례 바뀌는데, 나만 일 년 내내 단조

로운 반복을 하고 있나 싶어 새삼 소스라친다.

제자리걸음 같은 매일, 가끔 불안감이 덮쳐온다. 내가 잘하고 있는 건가, 나만 혼자 동떨어져 있는 건 아닌가. 요리를 해서 SNS에 올리고 글도 써보고는 있지만 눈에 보이는 결과물이 없으니 가끔은 왈칵 겁이 난다. 오늘은 어째 이런 잡생각이 떠나질 않는다.

머리를 좀 식혀야겠다 싶어 마당으로 나와 데크에 걸터앉았다. 주렁주렁 모과가 열린 나무를 보며, '넌 그래도 열매라도 맺었구나. 부럽다' 하고 혼잣말을 한다. 나무야말로 햇빛을 받아들이고 물을 마시는 똑같은 일상을 제자리에서 몇 년이고 반복하는 존재인데, 그래도 꾸준히 가지를 키우고 꽃을 피우고 열매를 맺으니 기특하기 그지없다. 언제나 꽃이 필까, 왜 이리 열매가 더디게 맺히나 초조해하지도 않고 의연하게 제 나름의 계절을 살아낸다.

뒷마당 쪽으로 시선을 옮기니 사과나무 열매가 병들어 있다. 아니, 얼마 전까지만 해도 멀쩡했는데 왜 갑자기 시커멓게 병이 들었지? 농약을 안 쳐서 그런가? 에고, 나는 뭐 하나 제대로 건지는 게 없구나. 검은 반점이 생긴 사과가 마치 내 모습 같아 심란하다. 갓 딴 사과를 먹어보고 싶었는데 아쉽기도 했다.

어지러운 마음을 달래러 옆 동네 사과밭으로 사과를 사러 가기로 했다. 언젠가 드라이브를 하며 봐뒀던 사과밭이다. 도착한 사과

밭에는 잘 익은 사과가 잔뜩 열려 있었다. 새파란 하늘 아래 새빨간 사과가 대비되어 그 모습이 더욱 탐스럽다.

조심스레 사과밭으로 가서 일하시는 분께 인사를 건넸다. 사과를 사러 왔다고 하니 잠깐 앉아서 기다리라고 하신다. 중년의 부부가 수확한 사과를 한창 포장 중이셨다.

"젊은 사람들이 여기를 어떻게 알고 사과를 사러 왔어요?"

"아! 지나가면서 봤어요. 저희 집이 옆 마을이거든요."

"어머. 그렇구나. 반가워요!"

시골에 온 지 얼마 안 됐다고 했더니 아주머니가 유독 반가워하셨다. 두 분도 인천에 사시다가 귀농한 지 오 년이 되었다고 한다. 사과를 어찌 이리 예쁘게 잘 키우셨냐고 하니, 이제껏 내내 실패하고 올해 처음으로 제대로 된 수확을 하는 거라 하셨다. 도시 생활을 접고 괜히 시골에 왔나 싶어 울기도 많이 우셨다고 한다. 결실 없는 시간을 나무처럼 꿋꿋하게 버텨내신 두 분이 참 멋졌다.

두런두런 이야기를 나누고 돌아서는 길, 아주머니께선 우리가 산 것보다 훨씬 많은 사과를 주셨다. 괜찮다고 손사래를 쳐도 어차피 잘아서 팔지도 못하는 거라며 기어이 트렁크에 실어주신다.

밭에서 바로 딴 사과는 이제껏 맛본 그 어떤 과일보다 맛있었다. 어찌나 단단한지 아삭아삭 소리도 함께 먹는 기분이다. 씹을 때마다 가득 터지는 상큼하고 달콤한 과즙이 마음속까지 스며든다.

아주머니께서 주신 사과를 먹으며 조금 기운을 차렸다. 그래, 뚜렷한 결실이 없어도 괜찮아. 천천히 나의 속도로 살다 보면 언젠가 조금씩 잎도 나고 꽃봉오리도 맺히겠지. 그러다 모르는 사이 문득 결실이 맺히기도 할 거야. 비록 지금은 아무 결과물이 안 보여 불안해도, 하고 있는 일에 조금 더 정성을 보태면 언젠가 풍성한 열매를 볼 수 있을 거야.

그냥 씻어서 잘라 먹던 사과에도 정성을 담아보기로 했다. 사과를 반으로 자르고 씨를 빼서 얇게 슬라이스한 뒤, 계피설탕을 뿌려 구웠다. 더없이 간단한 디저트지만 과정 하나하나에 정성을 들여 조리하니 만드는 시간 자체가 힐링이다. 구운 사과를 바닐라 아이스크림과 함께 오목한 접시에 담았다. 사과의 진한 풍미가 느껴지는 차갑고도 따뜻한 디저트다.

오늘처럼 길이 보이지 않아 답답할 때, 내가 초라하고 작게만 느껴질 때, 이 사과 구이를 기억하고 싶다. 하나하나 정성 들이면서 '괜찮아, 괜찮아' 다독였던 시간을 떠올리고 싶다. 지금 당장 열매가 보이지 않아도 내가 할 수 있는 일을 하면서 묵묵히 한 걸음씩 걸어가면 그걸로 충분하다. 나무처럼 하루하루 꾸준히 살아내다 보면 언젠가 환하게 꽃피는 날이 오리라고 믿으면서.

a u t u m n

사과 구이

사과, 버터, 설탕, 시나몬 가루 조금

- 오븐을 180도로 예열한다.
- 씻어서 슬라이스한 사과에 녹인 버터를 넣고 섞는다.
- 설탕과 시나몬 가루를 섞어서 슬라이스한 사과에 살살 뿌린다.
  * 너트메그 가루와 바닐라빈을 함께 넣으면 풍미가 좋아져요.
- 20~25분간 굽는다.

낱알 하나에 담긴

깊은 사랑

햅쌀밥과 숭늉

가을은 색깔뿐 아니라 소리로도 느껴진다. 가까운 언덕에서 불어오는 선선한 바람 한 줄기가 논 한가운데를 가르며 빠르게 지나가면, 조용히 고개 숙이고 있던 벼가 일렁인다. 파동이 옆으로 번져가고 이내 노란 들판 전체가 파도처럼 출렁인다. 사사삭- 벼끼리 부딪히는 소리가 듣기 좋다. 가을 소리가 들리는 길을 걸으면 시야 곳곳이 금빛으로 물들어 있다. 풍요로운 황금 들판이다.

9월 말에서 10월 초쯤이면 가을걷이가 시작된다. 서리가 내리

기 전에 작물을 모두 거둬들여야 하니 이맘때의 농촌은 일 년 중 가장 바쁘다. 어렸을 때만 해도 기계 없이 낫을 들고 일일이 벼를 수확했었다. 허리를 숙이고 벼를 모아 쥐고 낫으로 베어내고……. 노동 강도가 보통이 아니기에 추수 후 몸살로 고생하는 동네 어르신도 많았다.

외할머니, 동생과 함께 논으로 새참을 가져다드린 기억도 있다. 할머니는 새참 메뉴로 국수를 자주 삶으셨다. 양은쟁반에 삶은 면과 찐 고구마를 가득 올리고, 커다란 주전자에 따로 국물을 담아서 가져다드리곤 했다.

"새참 드세요!"

동생과 내가 목청껏 외치면 어른들은 낫을 내려놓고 논에서 나와, 삼삼오오 모여 국수 한 그릇을 후루룩 마시듯이 드셨다. 맥주나 막걸리 한잔을 곁들여 고단함과 갈증을 잠시 해소하고 다시금 수확을 위해 논으로 들어가셨다.

지금은 모든 작업을 기계가 대신한다. 노란 들판에 콤바인이 지나가고, 그 뒤로 볏짚이 가지런히 쓰러진다. 벼가 사라진 자리는 곤포 사일리지로 채워진다. 그 모습이 마치 커다란 마시멜로 같다. 기계 덕분에 외갓집 추수 작업도 한결 수월해졌다. 수확하는 모습은 달라졌지만 추수가 끝나면 할아버지는 예나 지금이나 똑같이 물으신다.

autumn

"쌀 있나? 쌀 좀 찧어줄까?"

매번 있다고 대답하는데도 얼굴 볼 때마다 물어보시는 할아버지. 당신이 가진 것을 자꾸만 더 주고 싶어 하는 마음이 고스란히 전해진다. 특히 벼를 수확하고 나면 햅쌀을 먹이고 싶은 마음에 전화까지 해서 꼭 물어보신다. 외갓집 한구석에는 정미기가 있어서 농사지은 쌀을 직접 찧어 먹는다. 방앗간 기계만큼 성능이 좋지는 않아서 현미에는 껍질이 제대로 벗겨지지 않은 쌀이 섞인다. 백미는 강하게 도정하면 되지만 현미는 두께 조절이 쉽지 않아서, 쌀을 씻으면 껍질이 많이 떠오르고 군데군데 수확한 상태 그대로의 낟알도 보인다. 그 덕에 할아버지가 주신 현미는 좀 더 정성스레 씻게 된다. 그런 불편한 점도 그저 정겹다.

어릴 적부터 할아버지가 농사지은 쌀로 지은 밥이 얼마나 소중하고 귀한 것인지 엄마가 일러준 덕에, 할아버지의 땀과 사랑이 가득 밴 밥을 한 톨도 남기지 않고 먹으려 애썼다. 엄마는 종종 전기밥솥을 두고도 압력솥에 밥을 안치고, 부러 누룽지를 만들었다. 그런 날에는 모두 숭늉을 먹기 위해 쌀밥은 적게 먹었다.

퇴근 후 피곤한 기색도 없이 저녁밥을 차려주셨던 엄마. 어린 나는 엄마 생각은 못 하고 그저 숭늉이 좋아서 "오늘도 누룽지 먹을 수 있어?" 하고 묻곤 했다. 엄마는 언제나 웃으며 "먹고 싶으면 해줘야지" 하셨다. 밥 먹은 뒤 먹는 구수한 숭늉은 엄마의 마음처럼 따스했다. 그래서인지 지금도 어디서 밥을 먹든 마지막에 숭늉이 나오면 맛있게 참 잘 먹었다는 생각이 든다.

오랜만에 숭늉도 먹을 겸 할아버지가 주신 햅쌀로 솥밥을 짓기로 했다. 햅쌀은 쌀알이 유독 투명하고 예쁘다. 할아버지의 사랑이 한 톨이라도 흐를까 싶어 조심조심 흐르는 물에 착착 씻는다. 투명하던 쌀이 하얗게 변할 정도로 불리고, 체에 밭쳐 물기를 빼 준비한다. 불린 쌀을 바닥이 두꺼운 냄비나 솥에 담고 센 불에서 끓인다. 물이 끓고 김이 나면 중약불로 줄인다. 이때부터 밥 특유의 구수한 향기가 증기와 함께 퍼지기 시작하는데, 십오 분 정도 더 두었다가 불을 끄고 뜸을 들인다. 숭늉을 끓여 먹고 싶다면 불을 조금 더 늦게 끄면 된다.

잘 익은 햅쌀밥이 뽀얗다. 윤기가 반지르르 도는 것이 먹음직스럽다. 밥을 저어 섞은 후 주걱에 붙은 밥알을 먹어보니 쫀득쫀득하고 고소하다. 마른 김에 싸서 간장만 찍어 먹어도 맛있을 것 같다. 밥이 맛있으면 특별한 반찬이 필요 없다.

넓은 그릇에 밥을 퍼 내고, 식사 후 먹을 수 있게 누룽지가 남은 솥에 물을 넣고 천천히 끓여둔다. 매번 쌀은 있느냐 물어보시는 할아버지와 피곤한 내색 없이 솥밥을 안쳐주시던 엄마. 햅쌀밥과 숭늉을 먹으며 은근한 그 사랑도 함께 먹는다.

솥밥

- 쌀을 씻어서 30분 정도 불린 후, 채반에 밭쳐 물기를 뺀다.
- 쌀과 물을 1:1 비율로 솥에 넣고, 센 불에 올린다.
- 물이 끓으면 중약불로 바꿔 15분 정도 끓인다.

  * 누룽지를 만들 예정이라면 5~10분 정도 더 두세요.

- 불을 끄고 10분간 뜸을 들인다.

감말랭이

젤리처럼 말랑하고

투명한 웃음

뒷마당 감나무에 귀여운 감꽃이 피고 자그마한 감이 맺힌 때부터 감말랭이 만들 생각에 설렜다. 가을이 되면 외할머니는 밤 산에 있는 대봉감을 따다가 곶감을 만드셨다. 외갓집 처마 밑에 발처럼 죽 늘어진 곶감이 너무 예뻐서 언젠가 내 집 처마에도 곶감을 달아야지, 했었다.

그런데 곰팡이 없이 곶감을 만들기는 생각보다 쉽지 않다. 몇 번이나 실패하고 결국 감말랭이로 노선을 갈아탔다. 과육을 잘라 채반에 널기만 하면 되고, 곶감보다 훨씬 빨리 만들 수 있다. 식감도 더 말랑말랑해서 내 취향에 잘 맞는다. 잘 만들어둔 감말랭이는 겨우내 차와 함께 먹기 좋은 주전부리가 되어준다.

감이 보기 좋게 익고, 새들이 감을 탐내기 시작할 즈음 소쿠리와 전정가위를 챙겨 뒷마당으로 갔다.

'욕심내지 말고 딱 열 개만 따자.'

손을 뻗어 주홍빛으로 잘 익은 감을 하나씩 땄다. 어찌나 큰지 열 개만으로도 소쿠리가 가득 차고 묵직했다. 가위로 가지를 자르면서부터 감말랭이를 맛볼 생각에 벌써 기분이 들떴다. 빨갛게 물든 감잎마저 예뻐 보여 두 개는 가지째 땄다.

가을 오후의 따스한 햇살을 맞으며, 마당에서 감을 손질한다. 감 껍질을 벗기고 과육을 잘라 채반에 차곡차곡 늘어놓았다. 사각사각 감을 깎는 소리에 바람에 흔들리는 풍경 소리, 새소리가 듣기 좋게 섞여들었다. 예전에는 재료를 다듬는 지루한 작업이 무척 귀찮았는데, 지금은 오롯이 집중할 수 있어 오히려 좋다. 부지런히 손을 움직이다 보면 어느새 잡생각이 달아나고 마음이 편안해진다.

감 열 개가 채반 두 개를 거뜬히 채웠다. 며칠 동안 하루에 한 번씩 뒤집고, 햇볕과 그늘을 오가며 정성스레 말렸다. 단단했던 과육의 수분이 사라지고 젤리처럼 말랑말랑해지기 시작하면 채반

autumn

가장자리에 있는 것을 맛보면서 떫은맛이 사라질 때까지 말린다.

잘 만들어진 감말랭이를 손님들에게 맛보일 생각에 두근거렸다. 딱 하루만 더 말리면 적당히 말랑하고 다디단 감말랭이가 완성될 것 같았다.

그런데 웬걸, 다음 날 아침 마당에 나가니 감말랭이가 온데간데없다. 아무리 눈을 크게 뜨고 봐도 채반만 덩그러니 남았다. 너무 황당해서 눈을 몇 번이나 비볐는데, 그 많던 감말랭이가 정말이지 흔적도 없이 하룻밤 사이 모두 없어져버렸다. 아마 고라니의 소행이지 싶다. 어쩐지 까미가 새벽에 엄청 짖더라니.

며칠 동안 정성을 다해 말리고 말렸는데 이런 허무한 결말이라니. 텅 빈 채반을 보다가 나도 모르게 헛웃음이 나왔다. 정말 단 하나도 남기지 않고 홀랑 먹어버린 걸 보니…… 고라니도 감말랭이가 참 맛있었나 보다. 그래, 누구든 맛있게 먹었으면 됐지, 뭐. 고라니도 우리 집에 놀러 온 손님이라고 생각하자며 아쉬운 마음을 가라앉혔다.

그래도 다음에는 우리도 좀 맛볼 수 있게 감말랭이를 더 잘 지켜야겠다.

감말랭이

- 감은 껍질을 벗겨 6~8등분으로 쪼갠다. 씨앗을 미리 빼두면 먹을 때 편하다.
- 채반에 널어 반양지에서 말리거나 건조기를 이용한다.
- 떫은맛이 없어지고 젤리처럼 말랑해지면 완성이다.

순하고

가을 냉이 크림수프

향긋한 나날

단풍이 절정을 이루고 온 산이 알록달록 붉게 물들었다. 가을에는 모든 것이 풍요롭다. 풍경도, 식탁 위도.

언제부터인지는 모르지만 가을을 향한 마음이 점점 커지더니 어느 순간 여름을 추월해 가을이 좋아하는 계절 일 순위가 되었다. 강렬한 햇살과 바다와 계곡, 물놀이, 그리고 차가운 물속에서 헤엄을 치고 있자면 작은 물고기가 가끔씩 손가락 사이를 스쳐 지나가는 느낌……. 내가 무척 사랑하는 여름 풍경이다. 그런데 이젠

여름에는 집에 가만히 앉아 에어컨 바람을 쐬며 수박 먹는 게 제일 좋다.

마당에 앉아 가을을 만끽한다. 한때 가을을 농사로 바쁘기만 하고 즐길 거리는 딱히 없는 심심한 계절로 여겼는데 이제 와 보니 힘 들이지 않아도 눈과 귀가 가장 즐거운 계절이다. 가만히 있어도 다채로운 색깔과 소리가 찾아든다.

계절도, 사람도, 옷이나 음악 취향도…… 모든 것에서 점점 더 편안함을 찾게 된다. 음식도 마찬가지. 맛이 강하고 화끈한 음식보다 이제는 마음도 속도 편한 음식이 좋다. 지천에 널린 것들을 스윽 거두어 간단하게 요리한 음식이 주는 행복이 소중하다.

단풍이 절정을 이루던 어느 주말, 아침부터 강아지와 산책을 하고 돌아오는 길에 밭두렁 옆에 돋아난 냉이를 한 줌 캤다. 다들 냉이 하면 봄만 생각하지만 가을에도 냉이 자리는 풍성하다. 속이 편한 음식을 먹고 싶어 수프를 끓이기로 했다. 레시피도 어렵지 않다. 달군 팬에 냉이와 감자를 볶고 물과 생크림을 넣어 끓이면 완성이다. 마지막에 냉이를 더 넣어서 향을 돋워주면 더욱 좋다.

불어오는 가을바람에 등이 선득해 카디건을 꺼내 걸쳤다. 마당에 앉아 단풍을 보며 따뜻한 수프를 먹는다. 연둣빛 수프가 한기에 살짝 움츠러들었던 몸을 풀어준다. 고소한 맛이 올라왔다가 그

뒤를 단맛이 따라오고 마지막에는 쌉싸래한 냉이 향이 입안에 은은히 남는다. 곁들인 구운 바게트와도 잘 어울리는 단정한 맛이다.

냉이 수프처럼 은은한 맛이 점점 더 좋아진다. 화려하고 강렬한 한순간보다 사소하고 흔한 일상이 날이 갈수록 소중해진다. 집 근처를 찾아오기 시작하는 겨울 철새들을 구경하고, 가족들과 둘러 앉아 밥을 먹고, 집 주변에 널린 것들로 소박한 밥상을 차리는 시간들……. 여름을 좋아하던 열정 넘치던 이십 대의 내가 이루고 싶었던 목표에 비하면 지금 내가 추구하는 바는 보잘것없을지도 모른다. 하지만 계절 속에서 차분하게 오늘을 살아가는 요즈음의 내가 훨씬 더 행복한 것만은 분명하다. 바라건대, 냉이 수프처럼 순하고 향긋한 나날이 계속 이어지기를.

냉이 크림수프

냉이, 감자, 버터, 물, 생크림, 소금, 후추

- 달군 냄비에 버터를 넣어 녹이고, 얇게 썬 감자와 준비한 냉이 1/2을 넣고 볶는다.
- 감자가 반투명해지면 물 한 컵을 넣어 끓인다.
- 감자가 다 익으면 생크림과 나머지 냉이를 넣고 블렌더로 간다.
- 소금, 후추로 간하고 알맞은 농도로 끓인다.

콩 커리

벌레도, 외로움도, 무서운 난방비도, 칠흑 같은 어둠도 아니다. 시골살이의 가장 큰 적은 사실 음식이다. 우리 동네 식당은 딱 하나. 도토리묵밥집이 유일한 동네 식당이다. 배달음식 같은 건 애초에 있을 수가 없고, 중국집도 멀리 있어 배달이 안 되니 차를 타고 가서 먹어야 한다. 먹을 걸 살 수 있는 가장 가까운 가게인 편의점은 걸어서 왕복 두 시간이 걸린다.

도시에서는 핸드폰만 열면 음식이 눈앞까지 배달되고 종류도

무궁무진하다. 요리를 좋아하는 사람으로서 새로운 먹을거리를 맛보는 재미가 있었다. 그렇지만 여기서는 읍내에 나가도 식당 종류가 별로 다양하지 않다. 그러다 보니 먹고 싶은 게 있으면 직접 만들어 먹는 게 빠르다. 그 덕에 요리 공부를 할 때보다 여기 와서 요리가 더 늘었다.

가장 난감할 때는 외국 음식이 먹고 싶을 때다. 연애시절, 남편과 가장 많이 먹은 외식 메뉴는 단연 인도 커리였다. 이국적인 향의 커리를 난에 찍어 먹는 걸 참 좋아했다. 인도 커리 생각에 가장 가까운 커리집을 찾아봤는데 차로 한 시간이 걸린다. 커리 하나에 왕복 두 시간이라, 둘 다 그 정도의 열정은 없었다. 식당은 너무 멀고, 읍내 마트에도 재료가 없으니 이제 남은 방법은 며칠이 걸리더라도 식재료를 택배로 받아 내 손으로 도전하는 것뿐이다.

처음엔 페이스트를 사용해서 인도 커리를 만들었다. 카레분말이나 고형카레를 사용할 때처럼 재료를 넣고 물과 함께 끓이기만 하면 완성된다. 그런데 그것만으로는 전에 먹던 맛이 안 났다. 뭔가 부족했다. 식당에서 먹던 것과 조금이라도 더 비슷한 맛을 느끼고 싶어서 향신료를 종류별로 잔뜩 샀다. 처음엔 무슨 맛인지도 모르는 향신료를(아직도 정확한 쓰임새는 구별 못 하지만) 내 마음대로 마구 섞어서 커리를 만들었다.

계절마다 제철 재료로 커리를 만든다. 시금치 커리, 옥수수 커리, 감자 커리……. 밀가루를 반죽해서 어설픈 난도 만들어 함께 먹는다. 맛있어서 그릇을 싹싹 비울 때도, 억지로 먹어야 할 정도로 실패한 적도 있다. 둘 다 아무 말 없이 꾸역꾸역 커리를 먹다가 눈이 마주치자마자 웃음이 터진 적도 있다.

그중 가장 성공작은 콩 커리. 오일장에서 여러 종류의 콩을 사서 넣었는데, 콩 자체가 고소하고 부드러워서 고기를 따로 넣지 않아도 좋았다. 콩 커리만큼은 난보다 밥이 더 잘 어울린다. 콩의 단맛이 밥과 잘 맞았다.

시골살이는 자유롭고 평화롭지만 가끔은 어쩔 수 없이 고립감을 느낀다. 도시에 살 때처럼 즐길 문화생활도, 특별한 먹을거리도 많지 않기 때문이다. 그럼에도 시골살이를 포기할 수 없는 것은 그마저도 즐거운 에피소드가 되어주기 때문이다. 그리고 나의 커리 실패율도 점점 낮아지고 있고.

콩 커리

콩 듬뿍(*좋아하는 콩 종류는 뭐든 좋아요), 커리 페이스트, 코코넛밀크 혹은 생크림, 버터, 양파, 소금

- 콩은 미리 따로 삶아둔다.
- 달군 팬에 식용유 약간과 버터를 넣고, 채 썬 양파를 볶는다.
- 소금을 살짝 뿌리고 양파가 진한 갈색이 될 때까지 인내심을 갖고 볶는다.
- 양파가 다 볶아지면 콩과 커리 페이스트, 코코넛 밀크 혹은 생크림을 넣고 10분간 끓인다.

  * 가람 마살라나 커민을 넣으면 조금 더 식당에서 먹던 인도 커리에 가까운 맛을 낼 수 있어요.

늙은 호박 크럼블

외갓집에는 늘 늙은 호박이 있었다. 방 안에 있을 때도 있고 평상 한구석을 차지하기도 한다. 위치는 바뀌어도 늙은 호박이 없었던 적은 없다. 호박이 나기 시작하는 여름부터 바쁜 가을을 지나, 입김을 불며 김장하는 겨울 초입에도 호박은 늘 외갓집 어딘가에 있었다.

그렇기에 늙은 호박을 특별하게 생각하지 않았다. 그냥 장식품처럼 느껴졌다. 어릴 때는 주황색 커다란 호박을 굴리며 진짜 장

난감 취급까지 했더랬다(물론 할머니에게 들키면 호되게 혼이 났다). 늘 옆에 있어서 대수롭지 않고 가지고 놀 수도 있는 무언가. 호박은 내게 딱 그 정도 존재였다.

그런 호박이 반으로 툭 쪼개지는 날이 있다. 바로 외할머니가 며느리들을 위해 호박죽을 끓이는 날이다. 할머니는 늙은 호박 속을 파내 커다란 솥에 한가득 죽을 끓이셨다. 단호박죽 같은 샛노란 색감은 아니지만, 누렇고 걸쭉한 호박죽은 가을에 수확한 콩을 가득 넣고 들깨까지 넣어 달콤하고 고소했다.

시골에 이사 와서 젊은 우리를 동네 분들이 낯설어할 때, 유일하게 내 인사를 즐거이 받아주신 이웃 분이 계시다. 집 근처 복숭아밭 아저씨다. 지난여름, 복숭아 한 박스를 나눠 받은 이후로 아저씨와 우리는 인사만이 아니라 먹을 것도 주고받는 사이가 됐다.

얼마 전, 엄마가 앙증맞은 늙은 호박을 두 개나 얻어다 주셨다. 단호박보다 조금 더 클까 싶은 귀여운 크기의 호박이다. 그 호박은 외갓집에서처럼 우리 집에서도 한동안 거실 한구석을 장식했는데, 오늘은 이웃집 아저씨 생각에 호박을 쪼개보기로 했다. 시골에서 늘 먹을 수 있는 것 말고 빵 같은 간식을 만들어 드리고 싶었다. 그래서 어설픈 베이킹 실력으로도 쉽게 만들 수 있는 디저트인 크럼블을 선택했다. 크럼블은 버터와 밀가루, 설탕으로 소보로

를 만들어 굽는 파이다.

늙은 호박을 칼로 조심조심 반으로 쪼갰다. 호박의 과육을 오븐에 굽고, 곱게 갈아서 퓌레를 만든 다음 파이 사이에 넣을 필링을 만들었다. 소보로 일부를 파이지 대신 바닥에 깔고 속을 채운 다음, 다시 그 위에 소보로를 솔솔 뿌려 구우면 된다. 단호박으로 만들었을 때보다 색이 예쁘진 않았지만, 맛은 진했다.

잘 구워진 크럼블을 식혀 종이 가방에 담은 다음, 복숭아밭 아저씨 댁을 찾았다. 벨을 눌러봤지만 집에 안 계신 듯해 문고리에 걸어두고 왔다. 별것 아닌데도 마음이 뿌듯했다.

할머니는 며느리를 위해 호박을 쪼개고, 나는 이웃을 위해 호박을 쪼갰다. 특별할 것 하나 없던 늙은 호박이 알고 보니 마음을 전할 때 펼쳐 나누는 선물 주머니였다.

호박 크럼블

- 크럼블: 중력분(박력분), 설탕, 버터(각 3:1:1), 베이킹파우더, 달걀, 소금, 시나몬 가루, 바닐라 익스트랙
- 필링: 호박, 흑설탕, 달걀, 바닐라 익스트랙, 시나몬 가루, 너트메그 가루

◦ 호박은 껍질을 벗겨 오븐에 굽거나 전자레인지에 익혀 살을 발라낸다.

◦ 커다란 볼에 크럼블 재료를 모두 넣고 포크 2개를 이용해 자르듯이 반죽한다.

* 작은 알갱이 형태로 뭉칠 때까지 반죽하세요.

◦ 다른 볼에 필링 재료를 모두 넣고 필링이 매끄러워질 때까지 섞는다.

◦ 오븐을 190도로 예열한 후, 만들어둔 크럼블의 절반을 팬 바닥에 평평하게 깐다.

◦ 그 위에 필링 재료를 붓고, 나머지 크럼블을 솔솔 뿌린다.

◦ 크럼블이 밝은 갈색이 될 때까지 35~40분간 굽는다.

◦ 냉장고에서 최소 2시간 정도 식힌 후에 자른다.

* 늙은 호박 대신 단호박으로 만들어도 맛있어요.

불안도 추위도

사르르 녹이는 맛

묵은지 된장 지짐

바람 한 번에 우수수 낙엽이 떨어진다. 앙상해진 주변 풍경에 다가오는 겨울을 실감한다. 우리 집 나무들이 쏟아내는 낙엽만 해도 벅찬데 서쪽 숲에서 날아온 낙엽까지 마당에 쌓이니 갈퀴질을 부지런히 해야 한다. 수도가 동파되지 않도록 수도꼭지를 낡은 옷과 에어 캡으로 튼튼히 감쌌다. 겨울 동안 먹이가 부족한 새들을 위해 나뭇가지에 먹이통도 매달았다.

몇 달 동안 밖에 내놨던 화분들도 다시 안으로 들였다. 곳곳에

패브릭을 두어 집 안에 따뜻한 느낌을 더하고, 온수매트와 겨울용 이불도 꺼냈다. 창고에 넣어뒀던 등유 난로를 꺼내는 김에 트리도 한꺼번에 꺼냈다. 엄청난 변화를 준 건 아니지만 식물과 트리, 난로에 제자리를 찾아준 것만으로도 제법 아늑한 겨울 느낌이 감돌았다.

집에 겨울을 들였으니, 그다음 월동 준비는 냉장고 차례다. 김장을 앞두고 김치 냉장고를 비워놔야 한다. 묵은지 두 통 중 하나를 비우기로 한다. 절반 정도 남은 신김치로 부지런히 요리를 했다. 김치찌개, 김치 볶음밥, 김치 리조또, 김치전……. 김치로 할 수 있는 요리란 요리는 다 해가며 부지런히 통을 비웠다.

김치 요리가 물려갈 즈음, 얼마 안 남은 묵은지로 된장 지짐을 하기로 했다. 어렸을 때 엄마는 겨울을 앞두고 꼭 이렇게 된장 지짐을 해주시곤 했다. 된장 맛이 쏙 배어 사르르 녹을 정도로 푹 익은 김치는 완벽한 밥 친구였다.

흐르는 물에 김치를 잘 씻어 냄비에 담은 다음, 들기름과 할머니 된장, 멸치를 넣고 물을 자작하게 부어 뚜껑을 닫고 오랜 시간 푹 익혔다. 김치가 손으로도 부드럽게 뭉개질 정도로 아주 푹.

다른 반찬 없이 묵은지 지짐 하나만 놓고 밥을 먹었다. 그래도 부족하다는 느낌이 전혀 없다. 김치 요리가 질릴 법도 한데 지짐은 전혀 다른 요리처럼 느껴진다. 들기름 향에 된장의 은은한 맛

a u t u m n

이 나고, 식감도 부드러워 술술 넘어간다.

든든하게 밥을 먹고 힘을 얻어 다시 겨울 채비를 했다. 옷장 정리를 하며 겨울 외투를 꺼내고, 창문에도 에어 캡을 붙였다. 청소까지 모두 마치고 나니 후련한 기분이다.

작년 겨울엔 영하 25도까지 내려가는 통에 난방비 폭탄을 맞았고, 수도는 몇 번이나 동파됐었다. 집 안을 돌아보며 '이 정도 준비로 괜찮을까' 걱정스러운 마음이 된다. 한편으로는 늘 어떻게든 잘 버텨냈으니 올해도 어떻게든 되겠지 하는 대범한 생각도 든다.

한 해의 모든 계절을 차례로 보내고 가혹한 계절만 남아 있다. 다사다난했던 올해도 어느덧 한 달 남짓밖에 남지 않았다.

묵은지 된장 지짐

묵은지, 된장, 멸치, 들기름, 다진 마늘, 파

- 묵은지의 양념을 모두 털어내고 흐르는 물에 여러 번 헹궈 짠맛을 없앤다.
- 물기를 짜낸 묵은지를 냄비에 담고, 들기름을 두른다. 멸치는 묵은지 위에 얹는다.
- 물을 자작하게 붓고 된장, 다진 마늘을 푼 다음, 뚜껑을 닫고 푹 익힌다.
- 쫑쫑 썬 대파를 올리고 한소끔 더 끓여 마무리한다.

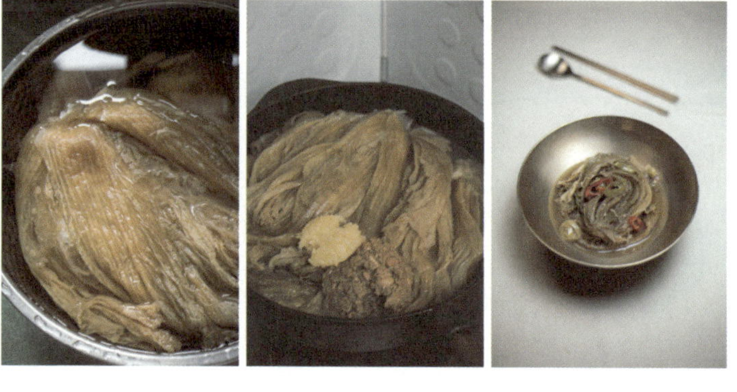

겨울

추울수록 포근하고 정겹다

빵

김장 김치와 수육

어묵탕

감태 버터

양배추롤

뱅쇼

시래기 오일 파스타

무굴밥

비프스튜

오곡밥과 묵나물

빵

쓸쓸함을 덜어주는

투박한 위로

상쾌하던 아침 공기가 입동을 지나자 부쩍 날카로워졌다. 서리가 내리고 최저기온도 영하로 떨어졌다. 해가 더디게 뜨는 탓에 아침이 되어도 어둑어둑해 이불 속을 벗어나기가 점점 힘들어진다. 옆을 보니 까미도, 얼마 전 추석에 동물보호단체에서 데려온 새 식구 토리도 이불에 파묻혀 웅크린 채 자고 있다. 포근한 침대가 좋은 건 사람이나 강아지나 매한가지인가 보다.

날씨가 쌀쌀해질수록 마을 풍경은 쓸쓸해진다. 도시는 벌써 크

리스마스 장식으로 색을 더하고 있다는데, 이곳은 마른 단풍잎들로 간신히 색을 붙잡고 있다. 반짝이는 조명과 두근거림이 있는 도시의 겨울과 달리 시골의 겨울 풍경은 황량하기만 하다.

봄부터 가을까지 나의 놀이터나 다름없던 동네와 서쪽 숲은 볼 것도, 할 것도 없는 심심한 곳이 되었다. 겨울과 함께 마을 전체가 멈춘 듯하다. 경운기 소리가 그리워질 줄이야. 이럴 때는 집에서 할 수 있는 것을 찾아 부지런히 사부작대는 게 최고다. 따분함을 따스한 빵과 커피로 달래기로 했다.

도시에서 자취를 하던 어느 겨울. 새벽 2시가 넘도록 일터에 혼자 남아 일을 했었다. 이제 그만 집에 가려고 길을 나서는데 워낙 늦은 시간이라 팔차선 도로가 다 한산했다. 갑자기 바람이 한결 더 차가워졌다. 모든 것이 버겁게 느껴져 나도 모르게 한숨을 쉬는데 뿌연 입김이 눈앞에 번진다. 명치에 묵직하게 차 있던 감정이 그 숨을 타고 나오는 듯했다.

다른 곳은 다 불이 꺼져 있어서였을까. 평소에는 있는 줄도 몰랐던 24시간 카페가 눈에 들어왔다. 저절로 발이 그곳으로 향했다. 손님이 거의 없는 카페 창가 자리에 앉아 아메리카노 한 잔을 마시는데 따스한 커피가 꽉 막힌 명치를 녹인 후 가슴으로 번져가는 느낌이 들었다. 그제야 숨이 쉬어졌다. 카페 안을 잔잔히 채우던 캐럴도 비로소 제대로 들렸다.

그 뒤로 종종 그 카페 창가에 앉아 따뜻한 빵과 커피를 먹었다. 가만히 앉아 창밖 풍경을 보고 있노라면, 오가는 많은 사람들의 평범한 일상 속에 나의 고민 또한 옅어지는 느낌이 들곤 했다.

통밀가루와 이스트, 물, 소금, 설탕……. 최소한의 재료로 만드는 나의 빵. 김이 모락모락 나는 따스한 빵을 먹고 싶어서라도 기운을 낸다. 스테인리스 볼에 담겨 부풀어 오른 반죽을 보는 것만으로도 기분이 나아진다.

다 구워진 빵은 누가 봐도 못생겼고 맛도 별 볼일 없지만, 내가 만들었다는 이유 하나로 애정이 담뿍 간다. 투박하지만 갓 구운 것이라 맛 또한 용서가 된다. 구운 빵을 통통 손으로 치면 둔탁한 소리가 난다. 빵칼로 슬근슬근 자르니 김이 모락모락 피어난다. 별것 없는 초겨울의 풍경도, 따스한 빵과 함께하니 제법 운치가 있다. 도시에 대한 그리움도 한 걸음 뒤로 물러난다.

짧은 휴식 후 마당으로 나와 하늘을 보니 돌아온 겨울 철새들이 날고 있다. 시선을 돌리자 앙상한 가지 사이로 서쪽 숲 풍경이 고스란히 보인다. 숲은 잎과 색을 잃었지만, 그 덕에 그동안은 볼 수 없었던 숲 깊은 곳까지 보인다. 숲속 깊은 곳을 가만히 응시한다. 쓸쓸한 겨울 풍경도 마냥 황량한 것만은 아니다.

빵

통밀가루 250g, 이스트 4g, 소금 6g, 미온수 175g

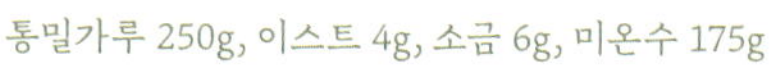
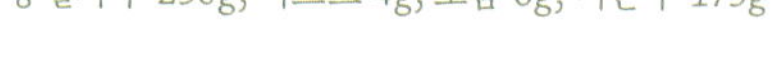

- 밀가루, 소금, 이스트에 미온수를 넣고 날가루가 보이지 않도록 섞는다.
- 반죽을 볼에 담고 냉장실에서 12시간 이상 발효시킨다.
- 냉장고에서 꺼낸 반죽은 냉기를 뺀 다음 반죽을 늘려서 접듯이 모아 준다.
- 실온에 30분 정도 뒀다가 반죽을 다시 한번 늘려서 접는다.
- 앞의 과정을 한 번 더 반복한 뒤, 원하는 모양으로 성형하고 칼집을 넣는다.
- 오븐을 200도로 예열한 후, 180도로 낮춰 25~30분간 굽는다.

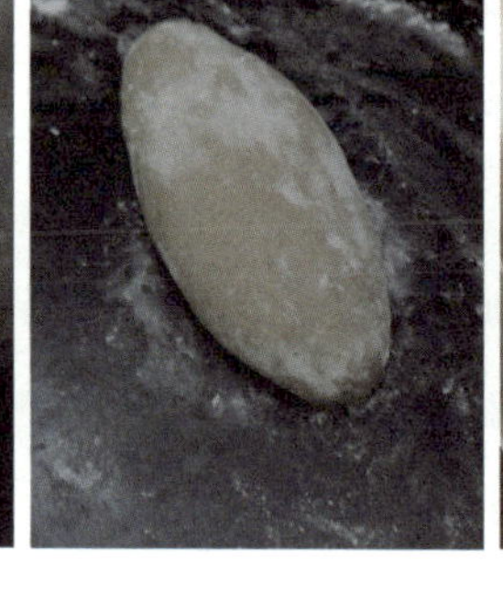
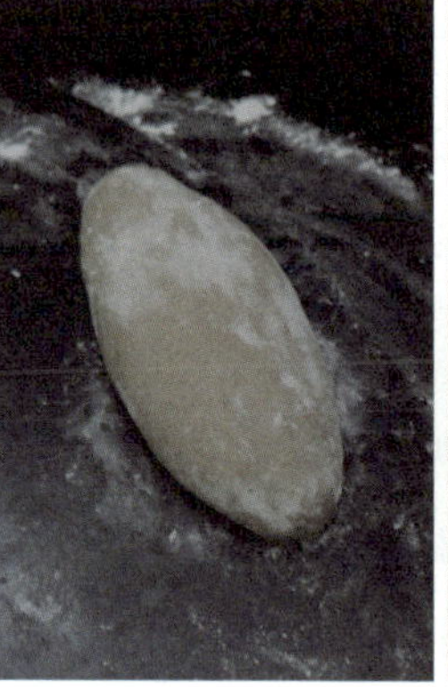

김장 김치와 수육

매년 12월 첫 주말 외갓집에 모여 김장을 한다. 음식 하나로 온 가족이 다 모인다. 모두가 한마음으로 한 해 먹을 김치를 담그고 다음 해를 준비한다.

몇 년 전까지만 해도 외할아버지 밭에서 배추를 거둬 손질하고 절이는 고된 작업을 직접 했었다. 아는 사람은 알겠지만 양념을 치대는 일보다 배추 절이기가 훨씬 힘들다. 시간이 걸리는 일이라 할아버지, 할머니는 가족들이 오기 전에 배추를 절이는 밑 작업을

다 해두셨다. 두 분을 도와 배추를 절인 적이 있는데 백 포기 훌쩍 넘는 양이라 이걸 언제 다 하나 막막하기만 했었다. 영하의 추위에 배추를 절이고 헹구다 보면 손발이 다 깨지는 것 같다. 이걸 두 분이서 하실 때는 얼마나 힘드셨을까? 이제는 절인 배추를 사다가 김장을 하니 얼마나 다행인지 모른다.

외갓집 김치는 동네에서도 맛있다고 소문이 자자하다. 어릴 적 소풍 때면 엄마표 김밥에 외할머니표 김치를 꼭 함께 싸갔는데, 너도 나도 맛있다고 집어먹는 바람에 김치가 금세 동나곤 했다. 외갓집 김치 맛의 핵심은 외할머니가 직접 담그신 액젓이다. 외갓집 마당 한구석, 장독대에 할머니의 액젓이 있다. 멸치를 사다 소금에 절이고, 멸치가 삭으면 액젓을 떠서 보관한다. 할머니 요리에는 꼭 액젓이 들어가는데 사 먹는 액젓과는 전혀 다른 감칠맛이 난다. 기본 바탕이 좋으니 모든 요리가 맛있을 수밖에.

할머니도 기력이 많이 약해지셔서 이제 액젓 만들기도 힘에 부친다고 하신다. 도맡아 하셨던 김칫소 만들기도 이제 큰외삼촌에게 넘기셨다. 김장의 총 책임자나 다름없던 할머니는 이제 한 발짝 뒤로 물러나서 뒤에서 지켜보신다. 그 모습을 보자니 기운이 펄펄했던 할머니 모습이 그리워 마음이 무거워진다.

경상도 지역에서는 매운탕이나 추어탕에 제피(초피)라는 향신료

를 넣는다. 산초와 비슷한데 화한 매운맛이 혀를 얼얼하게 하고, 상큼한 향이 뒤따라온다. 외갓집에서는 김치에도 이 제피 가루를 넣는데 이게 진짜 별미다. 배춧잎을 칼로 슥슥 길게 잘라 양념과 제피 가루를 넣어 겉절이를 만든다.

큰외삼촌은 커다란 솥에 돼지고기를 삶고 다른 사람들은 모두 김장을 도왔다. 할머니가 밥을 주는 고양이들도 냄새를 맡고 하나 둘 몰려들었다. 제피가루 넣은 겉절이로 수육을 돌돌 감싸 입에 쏙 넣고 진한 조껍데기 막걸리를 한잔하면 노동의 수고로움이 싹 사라진다.

뒷산에 있는 나무들은 얼마 남지 않은 낙엽을 우수수 떨어뜨리며 더 휑해지지만, 한창 김장을 하는 마당은 가족들의 웃음으로 가득 찬다. 지금은 할아버지, 할머니가 계시지만 시간이 훌쩍 지나면 외갓집에 이렇게 가족이 모일 일도 없을지 모른다. 그때가 되면 이렇게 힘든 김장도 사무치게 그리워지겠지.

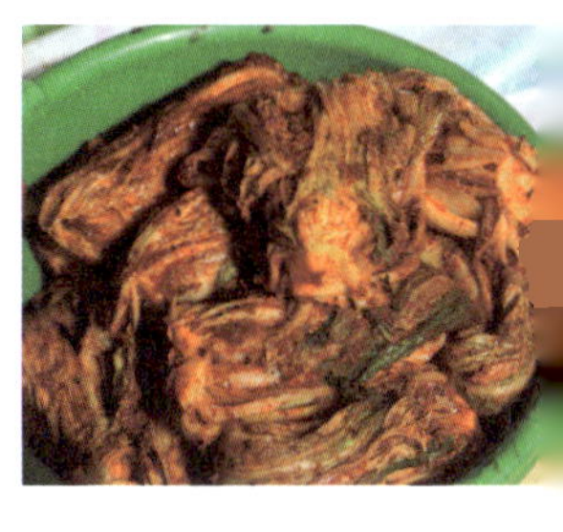

무수분 수육

삼겹살(앞다리살), 양파, 대파, 마늘, 소금

- 양파, 대파, 마늘을 굵직하게 썰고, 삼겹살은 소금을 뿌려 굽는다.
- 썰어둔 채소를 냄비 바닥에 깔고 그 위에 구운 삼겹살을 얹은 다음, 다시 남은 채소로 덮는다.
- 뚜껑을 덮고 중약불에 25분 동안 둔다.
- 채소와 고기를 전체적으로 뒤집어 다시 뚜껑을 덮고 20분 더 찐다.
- 얇게 썰어 김장 김치와 함께 먹는다.

눈 오는 날에

따끈하게

어묵탕

이른 아침 출근하는 남편이 나를 깨웠다.

"눈이 엄청 내렸어!"

'눈'이라는 소리에 벌떡 몸을 일으켰다. 밖을 내다보니 온 세상이 하얗다. 아직까지도 눈만 보면 어린아이처럼 설렌다. 내 고향 경남 진주에는 눈이 거의 오지 않는다. 작년 초 고작 적설량 삼 밀리미터 가지고도 삼 년 만에 온 눈이라고 지역 뉴스에 호들갑스럽게 보도가 될 정도였다.

눈 내린 창밖 풍경을 보자마자 절로 "꺄!" 소리가 나왔다. 패딩과 장갑, 두꺼운 양말로 중무장을 하고 강아지들과 마당으로 나섰다. 발이 푹푹 빠질 정도로 내린 눈. 발자국 하나 없는 새하얀 눈을 맘껏 밟았다. 뽀드득뽀드득 소리가 기분 좋게 귀를 간지럽힌다. 까미는 문을 열어주자마자 눈 내린 마당을 마음껏 질주하고, 태어나 눈을 처음 본 토리는 조금 어색해하며 뒤뚱거렸다. 까미가 토리 앞에서 엉덩이를 들며 놀자는 신호를 보내자, 이내 함께 신나게 눈 사이를 뛰어다닌다. 눈이 내린 풍경이 강아지들에게 엄청 환상적이라고 하던데, 덕분에 나까지 동심으로 가득 차 작은 눈사람도 만들었다.

서쪽 숲은 정말 새하얀 겨울 왕국이 되었다. 눈 쌓인 가지가 축 처졌다. 새가 살포시 앉아 몸을 떨자 가지도 부르르 눈을 떨어뜨린다. 앙상한 가지에 쌓인 눈도 예쁘지만 침엽수에 쌓인 눈은 특히 더 황홀했다. 그 아래로 고라니 발자국이 선명히 보인다. 휑하던 풍경이 새하얀 아름다움으로 꽉 찼다. 맑게 갠 날씨 덕에 곳곳에 쌓인 눈이 햇빛을 받아 반짝반짝 빛났다. 데크 지붕 처마에는 요즘엔 보기 힘든 고드름도 달렸다. 그림 같은 풍경이다.

한참이나 눈을 밟다가 손발이 시릴 무렵 집으로 들어왔다. 이리저리 냄새를 맡고 다녔는지 까미와 토리의 코 주변이 눈으로 하얗다. 얼음 알갱이처럼 뭉친 눈을 일일이 손으로 떼어냈다.

몸이 으슬으슬해 냉장고에 넣어둔 맛국물에 어묵을 길게 썰어 넣고 탕을 끓였다. 어묵탕은 동절기 우리 집 단골 음식이다. 미리 준비해둔 국물에 어묵만 넣으면 완성이니 무척 간편하다. 양파를 잘게 썰고 고추를 넣어 소스도 만들었다.

강아지들에겐 개껌을 주고 나는 어묵탕을 먹는다. 뜨끈하고 시원한 국물을 먼저 맛봤다. 눈 구경 하느라 얼어붙었던 몸이 스르르 녹아내린다. 이번엔 어묵 하나를 꺼내 앞접시에 올렸다. 양파와 고추를 어묵에 듬뿍 얹고 젓가락으로 감싸서 먹는다. 부드러운 어묵과 아삭아삭 씹히는 채소의 조화가 좋다.

이곳에 온 뒤로는 눈을 정말 원 없이 본다. 한적한 동네라 아무도 안 밟은 눈을 보려 서두를 필요도 없다. 멋진 풍경에 즐거워하는 강아지와 날씨에 딱 어울리는 맛있는 음식, 겨울날 꽉 찬 행복을 맛본다.

어묵탕

맛국물, 어묵, 대파, 국간장

- 어묵은 길게 썰고, 끓는 물을 부어 기름을 뺀다.
- 맛국물에 국간장으로 간을 한 다음, 어묵과 대파를 넣고 끓인다.
- 어묵이 다 익으면 완성이다.
- 어묵 위에 양파 소스를 듬뿍 올리고, 싸서 먹는다.

  * 양파 소스는 다진 양파, 다진 고추에 진간장, 식초, 어묵탕 국물을 넣어 만들어요.

감태 버터

겨울이면 온갖 해초가 쏟아져 나온다. 바다의 향기와 맛을 그대로 간직한 해초는 몸에도 좋고 식감과 맛도 좋은 식재료다. 외갓집에서는 해초로 특별한 음식을 만든다. 바로 보리지장이다.

보리지장은 보리 겨를 이용해 만드는 장으로 지역마다 등겨장, 딩기장, 시금장, 지장, 보리 개떡장이라고 다양하게 불린다. 보릿가루와 보리 겨를 섞은 반죽을 도넛처럼 만들고, 짚불이나 숯에 구운 다음 짚 위에서 띄워 발효시키면 된다. 수고로운 과정 끝에 만들어진 보리지장은 된장과는 달리 새콤한 맛이 난다. 쌈장 대신 채소와 함께 먹으면 입맛을 돋운다.

배고픔을 이겨내기 위해 곡식의 껍질까지 이용해 만든 음식이 지금에 와서는 별미가 되었다. 엄마가 어릴 때는 부엌에 도넛처럼 생긴 보리지장 메주가 매달려 있었다고 한다. 외할머니는 겨울이면 보리지장 속에 채 썬 무와 '싱기'라는 해초를 함께 넣었다. 며칠이 지나면 보리지장에 싱기의 감칠맛이 배고 무는 수분이 빠져 아작아작해진다. 보리지장은 그냥 먹어도 새콤 짭짤하니 맛있지만 싱기라는 해초를 넣어야 진짜 완성이다. 그 정도로 맛이 좋아진다.

처음 할머니가 싱기를 주문해달라고 했을 때, 그게 대체 뭔지 몰라서 한참을 검색하고 엄마에게 몇 번을 확인해야 했다. 알고 보니 싱기는 요즘 많이들 먹는 '감태'의 사투리였다. 감태를 바다의 허브라고 한다더니, 과연 그 별명 값을 톡톡히 하는구나.

할머니의 보리지장에서 아이디어를 얻어 버터에 감태를 섞어 '감태 버터'를 만들었다. 말랑해지도록 버터를 실온에 두었다가 잘게 찢은 마른 감태와 소금을 넣는다. 버터와 잘 어울리는 마늘도 조금 구워서 섞는다.

완성된 연두색 버터는 보기에도 예쁘다. 티스푼으로 살짝 퍼 먹

어보니 내가 아는 그 어떤 버터와도 다른 맛이 났다. 보리지장에 싱기를 더하면 맛이 바뀌듯 말이다. 바다 향이 가득한 버터를 구운 빵에 발라 먹었다. 새우나 조개 같은 해산물을 구울 때 쓰면 특유의 바다 향을 더 끌어올려줘 잘 어울릴 것 같다.

겨울에는 산이나 들에서 푸성귀를 툭툭 뜯어다 음식을 만드는 재미를 누릴 수 없지만, 바다로 시선을 돌리면 또 다른 즐길 거리가 가득하다. 바다를 품은 듯 향긋한 감태 버터를 먹고 있자니 사계절과 산과 바다를 모두 누리며 살아가는 오늘이 새삼 감사하다.

감태 버터

버터, 마른 감태, 소금, 마늘
* 마늘은 생략 가능해요.

- 버터는 말랑한 상태가 되도록 실온에 둔다.
- 볼에 버터와 소금, 마른 감태, 구운 마늘을 넣고 섞는다.
- 섞은 버터를 종이호일 위에 놓고 돌돌 말아 냉장고에서 30분 정도 굳힌다.
- 빵에 발라 먹거나 요리에 사용한다.

언제라도,

부드러운 다독임

양배추롤

사람 마음처럼 간사한 게 없다더니, 눈 몇 번에 이젠 힘들다는 생각이 먼저 든다. 우리 집은 낮은 산 위에 있어서 이백 미터 정도 되는 언덕길을 올라와야 한다. 눈이 많이 내리면 남편은 산 아래 마을회관 앞에 차를 세워두고 한참을 걸어 올라온다. 집으로 이어지는 길이 경사가 심한 데다 눈을 치우지 않으면 그대로 얼어붙기 때문에 눈삽과 넉가래로 반드시 눈을 치워야 한다.

남편도 나도 둘 다 눈이 내리지 않는 경상도에서 나고 자란지라 당연히 눈 치우는 요령이 전혀 없었다. 처음에는 넉가래로 밀고 비질까지 싹 해야 하는 줄 알고 빗자루로 열심히 쓸었는데, 다음 날 근육통으로 혼쭐이 났다. 나중에야 넉가래로 대충 밀어두면 기온이 높지 않아도 햇빛에 눈이 녹는다는 걸 알았다.

노동으로 주린 배를 채우려면 뭔가를 먹어야 하는데, 바닥난 체력으로 요리를 하기란 정말 쉽지 않다. 그래서 눈을 치우거나 요리가 짐이 되는 날을 대비해서 만들어두는 음식이 있다. 양배추롤이다. 만두처럼 소를 만들어서 양배추로 감싼 다음 크림소스나 토마토소스, 혹은 맛국물을 넣어 끓여내는 요리다. 날 잡아서 한 냄비 가득 만들어두면 냉동실에 넣어두었다가 그때그때 꺼내 먹기 좋다.

양배추를 살짝 쪄서 부드럽게 만들어 준비한다. 좋아하는 재료를 듬뿍 넣어 소를 만들고, 펼친 양배추 위에 소를 얹고 돌돌 만다. 차근차근 하나씩 정성을 다해 양배추를 말다 보면 어느새 쟁반 가득 양배추롤이 쌓인다. 만들어진 롤에 밀가루를 솔솔 뿌려 겉면을 냄비에 굽는다. 토마토소스나 크림소스, 닭국물이나 채수 등 취향 따라 좋아하는 국물을 부어 뭉근하게 끓여내면 된다.

완성된 양배추롤은 당장 먹을 만큼만 남기고 나머지는 국물과 함께 냉동해둔다. 이렇게 양배추롤을 만들어두면 땔감을 가득 쌓

아둔 것처럼 마음이 든든해진다. 만사 귀찮을 때 냉동해둔 양배추롤을 꺼내 전자레인지나 냄비에 데우면 맛있는 한 끼가 뚝딱 차려진다.

열심히 눈을 치운 후, 양배추롤을 따스하게 데워 그릇에 담는다. 숟가락이나 나이프로 먹기 좋게 잘라서 국물을 끼얹어가며 먹는다. 따뜻한 국물이 몸을 데우고, 꽉 찬 양배추롤이 입안을 풍성하게 채운다. 적당한 온기를 품은 담담함에 속까지 편안해진다. 미리 해둔 작은 수고가 더 큰 행복으로 돌아왔다.

양배추롤

다진 돼지고기, 양파, 대파, 버섯, 양배추, 소금, 후추, 청주, 밀가루, 버터, 생크림, 우유

- 잘게 다진 채소, 고기, 청주, 소금, 후추를 볼에 담고 끈기가 생길 때까지 치댄다.
- 양배추는 찌거나 삶아 부드럽게 만든 후, 굵은 줄기 부분은 잘라낸다.
- 양배추 위에 만들어둔 소를 올리고 월남쌈 말듯이 돌돌 만다.
- 만들어진 롤에 밀가루를 솔솔 뿌리고, 팬에 버터를 조금 넣어 겉면을 익힌다.
- 생크림과 우유를 넣고 속 재료가 익을 때까지 뭉근하게 끓인다.

* 소스에 치즈를 갈아 넣으면 더욱 풍미가 깊어져요.
* 고기를 생략하거나 두부로 대체하면 채식 요리로 즐길 수 있어요.
* 크림소스 대신 맛국물이나 토마토소스를 넣어도 좋아요.

여러 향을 품은

뱅쇼

따스한 한 잔

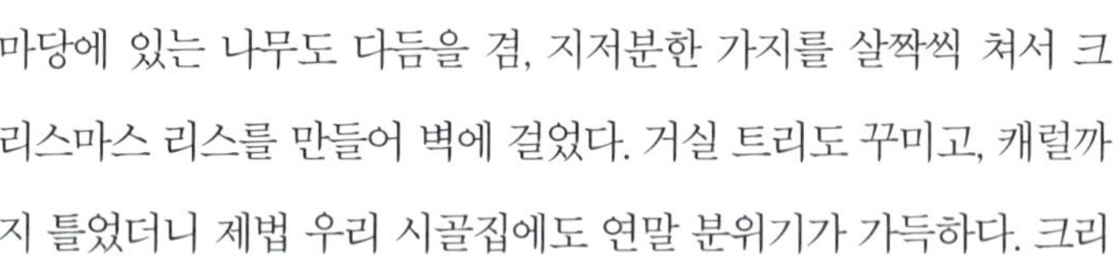

마당에 있는 나무도 다듬을 겸, 지저분한 가지를 살짝씩 쳐서 크리스마스 리스를 만들어 벽에 걸었다. 거실 트리도 꾸미고, 캐럴까지 틀었더니 제법 우리 시골집에도 연말 분위기가 가득하다. 크리스마스에 먹을 요리를 궁리하며 쿠키를 구웠다.

음료는 무엇을 준비할까 고민하다가 따뜻하게 먹을 수 있는 뱅쇼를 끓이기로 했다. 가을에 나무에서 저 혼자 떨어진 모과 몇 개를 주워서 모과청을 담가뒀는데, 그걸 넣어 만들면 맛있을 것 같

winter

았다. 읍내 마트에 가서 저렴한 레드와인 하나를 사 왔다.

냄비에 와인을 붓고 집에 있던 사과와 귤, 배를 넣었다. 냉장고에 고이 모셔둔 모과청도 꺼냈다. 모과청 뚜껑을 여니 주방이 향으로 가득 찬다. 시나몬 스틱과 팔각, 정향도 넣었다.

벌써 연말이라니. 12월의 순우리말은 '매듭달'. 마음을 가다듬는 한 해의 끄트머리 달이라는 뜻이다. 김이 폴폴 나는 뱅쇼를 살살 저으며 올해가 내게 어떤 의미였는지 되새겨본다. 대단하지는 않지만, 일상에서 소소한 행복을 잦게 만나는 감사한 한 해를 보냈다.

다 끓여진 뱅쇼는 향신료와 과일 향이 어우러지고, 저 밑바닥에 모과의 향이 은은하게 깔린 훌륭한 맛이었다. 달콤해서 천천히 음미하며 홀짝홀짝 마시기 좋았다.

시골 밤은 고요하다. 소리로 가득한 다른 계절의 밤과 달리, 겨울에는 가끔씩 들려오는 고라니 소리가 전부다. 그런데 뱅쇼를 끓이는 동안 바람에 풍경이 요란하게 울리더니 함박눈이 펑펑 내리기 시작했다.

창밖을 보니 건너편 가로등 아래로 눈이 흩날린다. 따스한 뱅쇼가 담긴 컵을 꼭 붙잡고 마당 데크로 나갔다. 바람은 이내 잦아들고, 성난 것처럼 매섭던 눈이 언제 그랬냐는 듯 깃털처럼 살포시 내려앉아 서로 몸을 포갠다.

데크 의자에 앉아 뱅쇼를 홀짝였다. 얼마나 조용한지 뱅쇼를 마시는 그 소리가 공간을 울린다. 조용히 컵을 내리고 번지는 향을 음미하며 눈 내리는 소리에 귀를 기울인다. 정적 사이로 눈 알갱이가 내려앉는 소리가 선명하게 들린다. 빗소리를 닮은 것 같기도 하고, 파도에 쓸리는 모래 소리 같기도 하다. 얌전히 내리는 눈 소리가 귀를 어루만진다.

다가오는 새해에는 눈 소리처럼 작은 것에도 귀 기울일 수 있는 사람이 되었으면, 여러 향을 품은 뱅쇼처럼 따스한 사람이 되었으면…….

뱅쇼

와인, 과일, 시나몬 스틱, 정향, 팔각, 꿀이나 과일청

- 냄비에 재료를 모두 넣고 중불에서 끓인다.
- 와인이 끓기 시작하면 약불로 줄여 30분 정도 더 끓인다.

서리와 겨울바람에

깊은 맛 든다

시래기 오일 파스타

입동 무렵 무를 수확하면서 널어둔 시래기가 잘 말랐다. 이맘때 시골에는 집집마다 처마에 시래기가 매달려 있다. 그 모습이 제법 멋지다. 올해 외갓집 시래기는 햇빛을 많이 받아서 노랗게 마른 것이 많았다.

시래기는 얼고 녹기를 반복하며 맛이 든다. 추위와 바람을 견딘 시래기는 풋풋한 무청과는 전혀 다른 맛이 난다. 겨울의 혹독함을 견디는 동안 날것의 맛은 사라지고 깊은 맛과 독특한 향을 얻는다. 추워져야만 맛이 드는 것도 있는 법이다.

잘 말린 시래기는 오랫동안 불려서 묵은내를 빼야 한다. 이때 몇 번이고 물을 갈아준다. 불은 시래기는 껍질을 한 겹 벗겨낸 후 푹 삶는다. 그렇게 하고 나서야 비로소 어엿한 요리 재료가 된다. 말리고 불리고 벗기고 삶고…… 여간 손이 많이 가는 게 아니다.

어릴 때는 시래기를 그냥 된장국 건더기로만 여겼다. 고작 된장국 건더기 하나에 얼마나 품이 많이 드는지 미처 몰랐더랬다. 알고 보면 흔한 식재료에도 무수한 시간과 정성이 들어간다. 여태 평가절하해서 미안해. 사과하는 마음으로 특별한 요리를 만들고 싶었다. 시래기를 파스타에 넣어봤는데, 이질적이면 어쩌나 하는 걱정이 무색하게 꽤나 맛이 좋았다.

팬에 마늘과 고추를 볶고 향이 나면 불린 시래기를 넣어 함께 볶는다. 면수를 조금 넣은 다음 익힌 파스타 면을 추가해 다시 잘 섞어주면 완성이다. 간은 액젓으로 맞춘다. 깊은 맛에 깊은 맛을 더하는 느낌으로. 시래기 특유의 향이 의외로 오일과 잘 어우러져 양식과도 궁합이 좋다.

만족스러운 한 끼를 먹고 나니 한겨울 추위를 이겨내고 고유의 맛과 향을 뿜어내는 시래기가 새삼 대단하게 느껴진다. 쉽지 않은 시간을 보낸 사람은 결이 다르다. 더 깊고 진하다. 시래기가 맛이 드는 과정과 닮았다. 무청처럼 파릇파릇한 사람은 곁에 두고 싶지

winter

만, 시래기처럼 깊고 강한 사람은 닮고 싶어진다. 겨울바람과 서리를 맞으며 맛의 깊이를 쌓아온 시래기를 보며 마음가짐을 다시 정비한다.

시래기 오일 파스타

시래기, 파스타 면, 오일, 마늘, 고추, 액젓, 소금, 후추

- 팬에 오일, 마늘, 고추를 넣고 향을 낸다.
- 불린 시래기를 쫑쫑 썰어 넣고 볶는다.
- 면수를 넣어 소스처럼 만든 뒤, 삶은 파스타 면을 넣는다.
- 액젓, 소금, 후추로 간한다.

무굴밥

우리 형제는 엄마의 사촌언니를 서포 이모라고 부른다. 경남 사천 서포에서 굴 양식을 하신 이력 때문이다. 서포 갯벌에 가면 기다란 나무가 다닥다닥 박혀 있는 모습을 볼 수 있는데 그곳이 바로 굴 양식장이다. 서포에서는 이처럼 지주식 굴 양식을 한다. 자연산처럼 하루에 두 번, 썰물 때 바닷물 밖으로 나와 해를 봐서 향이 짙고 육질이 탱탱하다.

어린 시절 겨울이 되면 가족과 함께 서포 이모 댁에 자주 놀러 갔다. 겨울의 서포 해변에는 모래 대신 굴 껍데기가 쌓여 있었고, 파도가 칠 때마다 차르륵 차르륵 소리가 들렸다. 동네 주민들은 각자 집 근처에 작은 비닐하우스를 세우고 그 안에서 굴 까기 작업을 했는데, 비닐하우스 안에서 화목난로 때는 연기 냄새가 온 동네를 맴돌았다.

우리가 바닷가에서 노는 동안 엄마는 호미처럼 생긴 조새를 사용해 이모와 함께 비닐하우스 안에서 굴을 깠다. 조새 끝으로 굴 끄트머리를 톡톡 친 다음, 살짝 벌어진 껍데기 틈새로 조새를 끼워 넣고 쪼개듯이 껍데기를 가른다. 단순하지만 생각보다 쉽지 않은 작업이라 손목과 어깨에 통증이 생기기 십상이다.

저녁에는 굴 껍데기 가득한 해변에서 굴을 구워 먹었다. 커다란 드럼통에 장작을 넣어 불을 피우고, 석쇠 위에 굴을 껍데기째로 올려 굽는다. 굴 육즙이 지글지글 끓어오르고 껍데기가 입을 벌리면 칼로 굴만 쏙 꺼내어 먹는다. 잘 익은 굴은 통통하고 윤기가 반지르르하다. 장작불 향을 머금은 굴 구이 맛은 가히 환상적이다. 불이 워낙 세서 굴 끝부분이 살짝 그을리기도 하는데 그 맛이 또 굉장하다.

시린 손을 장작불에 녹여가며 굴 구이를 먹고 있으면, 이모가 저녁 먹으러 오라고 부르신다. 집에 돌아가면 가마솥에 지은 무굴밥이 기다리고 있다. 김이 모락모락 나는 밥에 굴 향이 은은하다.

굴 구이를 한참이나 먹었으면서 이모가 만들어주신 굴밥이 어찌나 맛있는지 술술 들어갔다. 한 그릇을 뚝딱 먹고 다시 한 그릇을 비우곤 했다. 탱글탱글한 굴, 부드럽고 달큼한 무, 짭짤한 양념장. 다른 반찬이 필요 없다.

서포의 기억 덕분인지 겨울날 굴뚝에서 나는 연기를 보면 어쩐지 그립고도 정겨운 기분이다. 이따금 이모를 따라 무굴밥을 만들어 먹는데 서포에서 먹던 맛에는 비할 바가 못 된다. 조카들에게 맛있는 밥을 먹이고 싶은 이모의 사랑이 탱탱하게 살 오른 굴보다 더 깊은 맛을 지닌 천연 조미료였나 보다.

무굴밥

불린 쌀, 신선한 굴, 무

- 굴은 흐르는 물에 깨끗하게 씻는다.
- 불린 쌀과 채 썬 무를 솥에 넣고, 물 양은 평소보다 적게 잡는다.
- 밥이 다 익어갈 때쯤 굴을 넣는다.
- 뚜껑을 닫고 5분 정도 뜸을 들인다.

초록 지붕 집의 앤처럼 비프스튜

친구들이 종종 관련 책이나 굿즈를 선물해줄 정도로 애니메이션 〈빨강머리 앤〉을 워낙 좋아한다. 이 애니메이션은 루시 모드 몽고메리의 동명 소설을 바탕으로 만들어졌는데, 제작진이 직접 소설의 배경인 캐나다 프린스에드워드섬의 에이번리를 답사하고 그 모습을 고스란히 화면 속으로 옮겼다고 한다. 계절에 따라 변하는 에이번리의 마을 풍경과 먹음직스러운 요리는 시각과 후각, 미각을 골고루 자극한다. 메인요리며 디저트며 티포트까지 19세기 후

반의 모습을 잘 그려내 더욱 매력적이다.

앤이 사는 에이번리에 가을, 겨울이 찾아오면 초록 지붕 집 식탁에는 거의 매번 스튜가 오른다. 마릴라 아주머니, 매튜 아저씨, 앤이 테이블에 앉아 정겨운 이야기를 나누며 스튜를 먹는다. 마릴라 아주머니가 난로 위에 커다란 냄비를 얹어 소고기, 양파, 당근, 감자, 양배추를 넣어 끓이는 모습을 보면 만화인데도 절로 군침이 돈다. 밖에서 신나게 놀다 들어온 앤이 배 고프다고 하면 아주머니는 으레 뭉근하게 끓인 스튜를 긴 국자로 휘휘 저은 다음 접시에 담아 내준다.

신혼 초 함박눈이 내리던 어느 겨울날, 남편과 함께 〈빨강머리 앤〉을 보다가 스튜 맛이 궁금해 마릴라 아주머니를 따라 비프스튜에 도전해봤다. 만화 속 아주머니와 함께 요리를 하는 듯해 은근히 즐거웠다. 비프스튜는 시간은 오래 걸리지만 그리 어려운 요리는 아니다. 구운 소고기와 각종 야채를 토마토소스, 와인과 함께 끓이다가, 다시 오븐에 넣어 두 시간 정도 익히면 된다. 스튜를 오븐에 넣고 어느 정도 시간이 지나면 맛있는 냄새가 부엌을 가득 채운다.

완성된 스튜는 앤이 먹던 것과 닮아 있었다. 오랜 시간 끓여낸 깊고 진한 맛이 한겨울과 맞춤하게 어울렸다. 부드러운 고기와 채

winter

소가 입에 넣자마자 녹아내렸다. 우리는 빵 대신 밥과 함께 먹었는데, 진하게 농축된 와인과 토마토소스가 밥과도 잘 어울렸다. 스튜를 먹으며 동경하는 애니메이션 한 편을 보는 시간. 창밖은 시린 겨울인데 우리의 식탁은 눈 내린 풍경만큼이나 포근했다.

그날 이후, 남편은 눈이 내리면 스튜 생각이 난다고 했다. 뜨끈한 스튜를 먹으면 몸이 스르르 녹는 느낌이라나. 그래서 함박눈이 담뿍 내린 날이면 마릴라 아주머니처럼 스튜를 끓였다.

겨울의 끝자락, 정말 오랜만에 눈이 아닌 비가 내린다. 소록소록 얌전히 내리는 비가 반가웠다. 대한을 끝으로 겨울 절기도 모두 지나고, 매서웠던 겨울도 이제 끝이 보인다.

처마 끝 뚝뚝 흐르는 빗물과 흔적만 남은 눈사람, 젖은 마당 잔디와 그 위를 뛰어다니느라 젖은 강아지들의 발, 물이 올라 가지 끝이 붉어진 나무들……. 구름 사이로 잠깐잠깐 보이는 햇빛의 결도 부쩍 따스해진 느낌이다. 계절도 가랑비에 옷 젖듯 풍경에 천천히 스며든다.

내리는 봄비를 바라보며 남편과 함께 차를 마셨다. 그런데 남편이 넌지시 스튜 이야기를 꺼낸다. 그제야 알았다. 눈이 와서 스튜가 먹고 싶었던 게 아니란 걸. 더 자주 먹고 싶은데 내가 힘들까 봐 말은 못 하고, 눈을 핑계로 댔다는 걸.

그날 밤, 보슬보슬 내리던 비가 마법처럼 눈으로 변해 펑펑 내렸다. 나는 모른 척 스튜를 끓였다.

비프스튜

스튜용 소고기, 당근, 양송이버섯, 양파, 감자, 흑설탕
* 흑설탕 대신 마스코바도를 넣으면 맛이 더 좋아요.
토마토소스, 와인, 맛국물(혹은 치킨스톡 큐브)
시나몬 스틱, 월계수 잎, 오레가노, 로즈마리, 소금, 후추

- 잘 달군 냄비에 소고기 겉면을 노릇하게 구워 그릇에 따로 빼둔다.
- 같은 냄비에 식용유를 두르고, 채 썬 양파를 넣어 중약불에서 진한 갈색이 될 때까지 볶는다.
- 냄비에 구운 소고기와 나머지 재료를 모두 넣고, 재료가 잠길 때까지 맛국물을 부은 후 끓인다.
- 내용물이 끓기 시작하면, 190도로 예열한 오븐에 냄비째 넣어 1시간 30분 익힌다.
- 뚜껑을 열고 다시 1시간 30분 정도 더 익히면 완성이다.

  * 오븐이 없으면, 아주 약한 불에서 3시간 동안 익혀요. 가끔 바닥을 저어주세요.

사계절이 모두

식탁에 오르는 날

오곡밥과 묵나물

입춘이 지났는데도 바깥은 아직 겨울 풍경 그대로다. 봄은 아직 멀어 보이고 시린 바람이 앙상한 나뭇가지를 흔든다. 음지엔 얼마 전 내린 눈이 그대로 쌓였고 산과 들은 여전히 회색빛이다.

그래도 눈을 크게 뜨고 보면 작은 변화가 하나둘 보인다. 개울가 얼음이 완전히 녹지는 않았지만 어디선가 졸졸졸 소리가 들려오고, 겨우내 힘을 쓰지 못하던 햇살에도 온기가 실려 있다. 겨울이 물러갈 기미를 보이고, 봄이 문을 두드리려 하고 있다. 계절은 이렇듯 한결같은 모습으로 다시 돌아온다. 그 꾸준한 자연의 이치에 위로받는다.

이즈음 찾아오는 정월대보름의 대표적인 음식으로는 오곡밥과 묵나물이 있다. 묵나물은 말 그대로 묵은 나물인데, 제철 작물을 갈무리할 때마다 남은 나물거리를 말려둔 것으로 그해의 사계절이 모두 담겨 있다. 예외도 있지만 대체로 봄엔 봄기운 머금은 잎을, 여름엔 뜨거운 태양 아래 맺은 열매를, 가을에는 땅의 기운을 받은 줄기와 뿌리를 말린다. 이를테면 봄엔 취나물, 여름엔 호박, 가을엔 토란대를 말린다. 이렇게 저장해둔 일 년을 모아 대보름에 먹는다.

올해는 오곡밥과 묵나물을 직접 요리해보기로 했다. 외할아버지가 농사지어 말려주신 고사리를 비롯해 외갓집 동네 이웃 아주머니가 주신 취나물, 직접 말려둔 호박, 가지 등 여러 가지 나물거리를 준비했다. 오곡밥 재료로는 쌀과 찹쌀을 포함한 몇 가지 곡류를 준비했다.

솥에다 안칠까 잠깐 망설이다가 자신이 없어서 전기밥솥을 이용했다. 쌀, 찹쌀, 콩, 팥, 차조, 수수를 섞어서 불린 다음 잡곡모드를 누르고 기다렸다. 긴장된 마음으로 밥솥을 열어보니 밥이 꽤 잘됐다. 간을 살짝 해두어 밥만 먹어도 충분히 맛이 좋다.

외할아버지와 외할머니의 마음, 이웃의 정, 외갓집의 정취가 모

두 담긴 묵나물. 흩어진 계절들을 그러모아 만든 나물과 색색의 예쁜 곡식으로 지은 찰밥까지, 식탁 위가 자못 푸짐하다. 정월대보름이야말로 사계절이 모두 밥상에 오르는 날이구나.

살얼음 동동 뜬 나박김치를 꺼내서 함께 맛있게 먹었다. 쫀쫀한 오곡밥, 향긋한 고사리, 취나물과 뽀드득한 호박고지, 가지나물. 절로 '한 그릇 더' 하는 말이 나온다. 맛있는 나물을 먹으며 쉽지만은 않았던 시골에서의 사계절을 하나씩 떠올린다. 작년에 그랬던 것처럼 올해도 내게 주어진 공간에서 최선을 다해 계절을 오롯이 살아내고 거둬들이고 차려 낼 것이다.

문득 창밖을 보니 비가 내린다. 내 귀엔 봄이 오는 소리로 들렸다. 올봄은 예년보다 빠를 모양이다. 물을 올렸던 매화와 산수유가 곧 꽃망울을 틔울 기세다.

다시, 봄이다.

오곡밥

멥쌀, 찹쌀, 콩, 팥, 차조, 수수, 그 외 곡류, 소금

- 콩류는 전날 미리 불려두고, 멥쌀, 찹쌀 등은 잘 씻어 밥을 안치기 1시간 전에 불렸다가 체에 밭쳐둔다.
- 밥솥에 재료를 넣고 소금으로 간을 한 다음 밥을 안친다.

묵나물

말린 고사리, 호박고지, 말린 취나물, 말린 가지, 맛국물, 조선간장, 들기름

- 묵나물은 전날 미리 불려두거나, 줄기가 부드러워질 때까지 삶아서 준비한다.
- 달군 팬에 불린 나물, 맛국물, 조선간장, 들기름을 넣고 물기가 없어질 때까지 볶는다.

보통날의 식탁

1판 1쇄 발행 2022년 3월 25일
1판 4쇄 발행 2024년 7월 15일

지은이 한솔
발행인 유성권

편집장 윤경선
편집 김효선 조아윤 **홍보** 윤소담 박채원
마케팅 김선우 강성 최성환 박혜민 심예찬 김현지
제작 장재균 **물류** 김성훈 강동훈

펴낸곳 ㈜이퍼블릭
출판등록 1970년 7월 28일, 제1-170호
주소 서울시 양천구 | 목동서로 211 범문빌딩 (07995)
대표전화 02-2653-5131 | **팩스** 02-2653-2455
메일 tiramisu@epublic.co.kr
인스타그램 instagram.com/tiramisu_thebook
포스트 post.naver.com/tiramisu_thebook

* 잘못된 책은 구입처에서 교환해드립니다.
* 책값과 ISBN은 뒤표지에 있습니다.

티라미수 THE BOOK은 ㈜이퍼블릭의 인문 · 에세이 브랜드입니다.

editor's letter

내 손으로 재료를 다듬고 요리를 한다는 건
잘 살고 싶다는, 잘 살아내자는 소망과 다짐인지도 모르겠어요.
이제 곧 여기저기서 새싹이 돋겠지요.
두 나무가 허공에서 손을 맞잡는 날도 금방일 겁니다.
오고 가는 계절을 놓치지 않고 식탁 위에 들여야지,
마음먹은 대로 잘 살아야지, 차분히 생각을 가다듬어봅니다.